# 超圖解 職場心理學

|李雲帆　編著|

萬里機構

# 序言

懂點心理學對談戀愛大有裨益，對職場人來説也同樣重要。當然，「職場心理學」並不是教你如何在工作中耍小聰明、小心機，而是貨真價實的心理學，用心理學的原理，來告訴你提高工作技能、管理技能的方法。

本書共分為四個部分。

第一部分為 超強職場人 ，即運用心理學知識來提升我們的職場競爭力。努力工作當然是取得成功必不可少的一個因素，但比努力更為重要的是方法和高效率。比如記憶，死記硬背和運用巧妙方法來記憶，效果迴然不同。〈記憶達人煉成秘笈〉這一節，講的就是如何科學運用記憶規律，在職場中更輕鬆、更高效地進行記憶的方法。

第二部分為 快樂職場人 ，即運用心理學知識來提升我們的工作積極性。也許你聽過這樣的説法：工作只是謀生手段，哪怕不如意也要忍受，生活才是目的。這句話其實只對了一半。誰能説，工作不是生活一個最為重要的組成部分呢？對於大多數人來説，每天花在工作上的時間長達八小時，佔到一天的三分之一，如果加上上班路上耗費的時間和加班時間，有些人一天可能要耗費十幾個小時來工作。讓工作變得快樂，我們的一天才可能真正快樂。而釐清為誰工作，如何化解壓力等問題，是通向快樂的重要途徑。

第三部分為 團隊合作力 ，講的是如何運用心理學來加強團隊力量。許多工作都需要團隊協作才能完成，可是團隊的協作不總是盡如人意：缺乏幹勁、內耗……各種問題總是讓團隊中真正想做事的成員和管理者大傷腦筋。為了解決這些問題，心理學家們做了大量研究，發現當一群人一起工作時，會產生社會懈怠、自我妨礙、霍桑效應、啟動效應、透明度錯覺等現象。了解人們在與他人共事時可能產生的心理和行為，有助於我們未雨綢繆，防患於未然，並採取相應的措施，讓團隊協作更加高效。

第四部分為 窺探職場 ，講的是職場中普遍存在的一些現象，比如週一起床困難症，人們在職場中犯了錯總愛找理由，老闆花錢獎勵員工卻未能留住員工的心……這些現象不是簡單地用「懶惰」、「不負責」、「忘恩負義」可以解釋的。事實上，其背後都深藏着普遍的心理學原因。當你對這些問題了解得更為透徹時，便能更理性、更客觀地理解職場人的這些行為，並找到解決問題的那把鑰匙。

職場奧秘千千萬萬。職場之所以複雜，是因為職場中的人是複雜的。希望通過閱讀《超圖解職場心理學》，你能更深刻地洞悉職場，並在工作中取得更豐盛的收穫！

# 目錄

## Chapter 01

## 超強職場人
### ——用心理學啟動高效工作潛能

# Chapter 02

## 快樂職場人
### ——用心理學提升工作積極性

# Chapter 03

## 團隊合作力
### ——用心理學加強團隊力量

Chapter

**04**

# 窺探職場
## ——職場心理學

Chapter
01

# 超強
# 職場人

用心理學啟動
高效工作潛能

# 記憶達人修煉秘笈
## ——提高記憶力的方法

> 有時，記憶就像金錢，有了它並非萬能，沒有它萬萬不能。

## 1
# 記憶
# 七宗罪

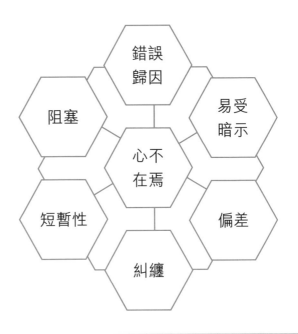

總是記不住，怪我太笨？

你不笨。給你一把金鑰匙，去開啟超強記憶的大門吧！

## 在逗號處而不是句號處停下來

在做一項工作時，我們總是難免被打斷。等你再回到電腦前，發現思路很難繼續。

我剛才要做甚麼？

**注意**：這時不是你的頭腦出了問題，而是幾乎每個人的記憶都遵循這樣一種規律：相比已經完成的任務，那些未完成的任務更容易被回想起來。這就是「蔡格尼克記憶效應」。

如果一句話沒說完，你會努力把它說完；但如果你完整地表達了自己的意思，你很可能會忘記自己說了甚麼。

如果你正在為工作思路總是被打斷而懊惱不已，不妨嘗試在下一次工作時，不要在「告一段落」時停下，而可以停在還沒有「告一段落」的地方。這樣，更容易在之後繼續工作。

# 2

# 記憶數字
# 的方法

在許多場合，我們都需要記憶一連串的數字。雖然總共只有 10 個數字，但這些數字精靈喜歡和人玩捉迷藏遊戲。

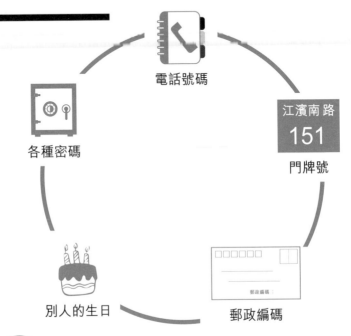

電話號碼

江濱南 路
151

門牌號

各種密碼

別人的生日

郵政編碼

你也許會暗自懷疑，是不是自己太笨。

NO！除了記憶天才，多數人的記憶力差別其實沒那麼大。你和他最大的差別，在於記憶的方法不同。

**錯誤的記憶法**

我要背 100 遍。不信我記不住一個電話。

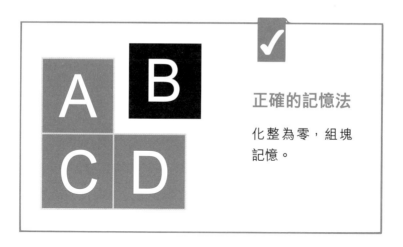

**正確的記憶法**

化整為零，組塊記憶。

## 3

# 記憶的
# 三個階段

在心理學中，根據記憶內容保持的時間，將記憶分為瞬時記憶、短時記憶和長時記憶。在記憶的三個階段中，短時記憶就像一座窄橋。在這個階段，人腦可以儲存的容量最小，大約為 7±2 個元素。這就注定我們無法讓記憶過程中一口氣完成，而得一點一點，讓要儲存的知識慢慢經過窄橋，形成長時記憶。

瞬時
記憶

短時記憶
7±2 個「組塊」

長時
記憶

如果你正在為總是記不住一些枯燥的數字或單詞而煩惱，不妨嘗試一下，下一次記憶時，可以把你要記憶的內容分為幾個組塊來記憶。

由於我們的短時記憶容量有限，大概一次能記憶 7±2 個元素，最好不要超過 7 個。因此在拆分組塊時，應當符合這一規律。

讓我們嘗試記下兩個 11 位的數字組合。

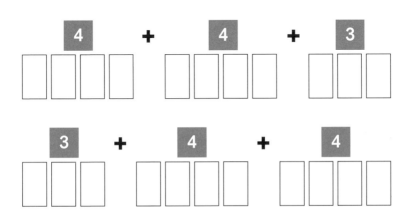

## 讓一切變得更有意義

我們的記憶是一張彼此關聯的網絡。只有觸碰到這張網絡的某個節點，我們才有可能更好地記憶。

看到一張陌生的面孔

⋯⋯⋯

對不起，我臉盲。

忘記

看到一張熟悉的面孔

他真像我的一個朋友！

印象深刻

如果你容易臉盲，或者總是記不住同事、客戶的名字，記不住公司複雜的人際關係，記不住讓人眼花繚亂的 CIO、CEO、CFO、COO、CTO、CKO⋯⋯

那麼，不妨試一試聯想法，尋找記憶內容的特點，和你熟悉的事物聯繫起來。

**4**

# 集中注意力

如果你經常丟三落四，別總是懷疑自己得了健忘症，其實你只是不夠專心而已。

如果你收起客戶的合約時，正在想別的事，或者忙着和別人聊天，就會想不起來把合約放哪裏了。

丟三落四不是因為你的記憶力發生了退化，而有可能是，你總是一心多用。

客戶剛簽的合約放哪裏了？

> 如果你想改變丟三落四的現狀，請改變一心多用的習慣。
> 每次只做一件事，而且做事時保持專心，找不到東西的情況就會減少。

## 5

# 熟能生巧

很多時候，我們會為記不住工作內容而懊惱不堪。

是因為他是過目不忘的天才，而你的腦袋裏裝着豆腐渣？

為甚麼他能記住，但我記不住？

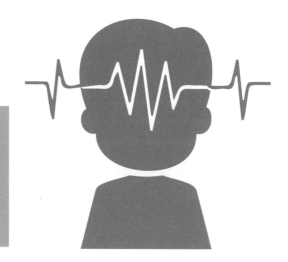

其實，過目不忘只是極少數人的「特異功能」。

作為一個普通人，必須接受這樣的事實：作為瞬時記憶和長時記憶的中間狀態，在短時記憶的環節，除非不斷重複，否則記憶時間大約只能持續 🕐20 秒。

雖然有很多方法可以幫助我們改善記憶，但反覆記憶始終是讓記憶更牢固的可靠方法。所以，要想記住一件事，請先記住：

**重要的事情記**

**三遍！**

**三遍！**

**又三遍！**

**睡眠好，記憶力就好。**

如果要説提高記憶力有甚麼途徑，其實就兩個字：

**睡好。**

 **精神不振開會**

剛才都説了甚麼？

**精神飽滿開會**

剛才説了一……二……三……。

科學研究證明，在睡眠的過程中，夢境有助於記憶的強化和鞏固，並將白天新的經歷編入舊的記憶中。

## 便條＋整理

我們的大腦承擔着繁重的記憶任務，不僅記憶能力有限，而且經常出錯。為了彌補大腦記憶的不足，我們可以借助各種工具和方法，來幫助我們更好地記憶。

拍照

錄音

攝像

更精準地記憶；避免錯誤歸因、受暗示導致的錯誤記憶

會議筆記

工作筆記

更持久地記憶；彌補隨着時間流逝發生的自然遺忘

工作日曆

提醒我們一天中要做的事；避免前瞻性記憶失效

便條

提示卡

提醒我們一些重要的訊息；避免記憶阻塞的發生

# 結語

在職場，記憶幾乎無處不在，我們需要時刻牢記自己的崗位職責，準確地記住上司指派的任務，需要在會議討論中記住大家發言的要義，需要牢牢記住客戶的喜好、重要的電話號碼、出席會議的重要人物，記住出差時的每日行程……

無法想像，如果沒有記憶，我們該如何工作和生活。移動智能設備可以幫助我們承擔部分記憶的工作，但如果把大腦的記憶比作行走的人，這些設備充其量只是輔助行走的拐杖。要想在職場中遊刃有餘，就得讓自己能準確、清晰地記憶。

為了解記憶的原理和規律，幫助人們解決記憶過程中出現的各種問題，心理學家和記憶專家經過多年的研究，提出了許多記憶理論和記憶方法，比如「照相式記憶」、「記憶的三個階段」、「內隱記憶」、「外顯記憶」以及記憶遺忘曲線等。正是這些研究成果為我們提供了應對「記憶七宗罪」的措施和理論依據。

# 如何拿捏克制和放肆的度？

## ——對意志力的巧妙運用

> 我們體內的意志力驅使着我們行動。

## 1

# 意志力
# 至關重要

凱利．麥格尼格爾在《自控力》一書中説道：「所謂意志力，就是控制自己的注意力、情緒和慾望的能力。」

## 運用意志力的好處

使你不懼困難，下定決心

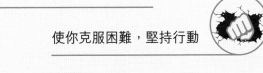

使你克服困難，堅持行動

使你堅定夢想，執着追求

使你抵抗誘惑，克己專注

## 大量運用意志力的壞處

血糖降低

感到疲憊

各個階層的人都渴望成功，而只有一個詞可以擔當引領世人邁向成功的重任，那就是「意志力」。只有渴求成功並且有足夠意志力的人，才能登上人生的巔峰。

——魯塞·康維爾博士

## 2

# 意志力是無窮無盡的嗎？

許多生命過程都需要運用意志力才能完成，可是，心理學家羅伊·鮑邁斯特發現：

意志力的總量是有限的，當你使用它時，就是在消耗它；

我們體內只有一個儲存意志力的倉庫，所有類型的行動使用的意志力都來自同一個地方，也就是說，你在這裏大量使用意志力，在其他方面就會意志力薄弱。

◆ 如果你同時做兩件需要大量消耗意志力的事情，很可能會失敗。

一邊減肥，
一邊加班。

◆ 如果你剛做完一件大量消耗意志力的事情，又馬上投入另一個任務，容易效率低下。

剛長跑完
就工作。

**3**

# 如何正確使用意志力？

考慮到意志力有限，在使用意志力時，我們必須「好鋼用在刀刃上」。

## （1）按照從主到次的順序安排工作

 趕緊完成簡單的事情，這樣就只剩下「難啃的骨頭」了。

 先用滿滿的精力攻克難關，後面的事情就會迎刃而解！

 把主要精力花在次要的事情上，等到精疲力竭時還能攻克「難啃的骨頭」嗎？結果很有可能是「等明天再說」，漸漸形成拖延症。

## （2）在完成一項工作時，最好稍作休息，再繼續下一項工作。

 工作太多，應該一鼓作氣，歇一歇就會再而衰，三而竭？

| 完成 | 悠閒地喝一杯咖啡， | 完成 |
| A 任務 | 休息一會兒 | B 任務 |

> 有願望完成工作，不代表有能力完成工作。當精力不濟時，強撐着工作只會降低效率，錯誤百出，結果身體累垮，工作也一團糟。

## （3）在進行一項重要且長期的工作時，應避免在其他方面消耗意志力。

 最近工作很辛苦，不如買買買，好好慰勞一下自己。

 疲倦的時候，最好適當地休息。購物或者策劃一場旅行等，在工作告一段落時進行更能起到慰勞自己的作用。

> 做任何一個小決定都會耗費一點意志力。花費精力去決定一些瑣碎的事情，可能會使你沒有足夠的意志力去做真正重要的決策。
>
> 總而言之，意志力的使用符合此消彼長的規律。
>
> 在使用意志力時，想要在一些事上放肆（大量使用），就得在另一些事上保持克制（盡量少用或不用），這樣，有限的意志力才不會被消磨殆盡。

# 4

## 意志力是
## 天生的嗎？

心理學家研究發現，作為一種生命能量，意志力是存在生物學基礎的，它的強弱與身體的能量儲備有關。但意志力並非不可改變，通過改變身體能量，或通過專業的意志力訓練，意志力可以得到有效的提高。

目標分散，
缺乏決心

抑鬱症、
拖延症

缺乏持久的耐
力，做事半途
而廢

一個
意志力弱
的人

浮躁，凡事
淺嘗輒止

自控力弱，
慾望的俘虜

一個
意志力強
的人

目標清晰，
決心堅定

行動派

具有持久
的耐力，做事
有始有終

自控力強，自律達人，
理性駕馭慾望

注意力集中，能在
某個領域不斷深入

**5**

# 提高
# 意志力
# 的方法

**正確的做法**：進食能持續功能的蛋白質
或複合碳水化合物。

**正確的做法**：疲勞時可適度休息，讓體能得到充分的恢復。

**正確的做法**：進行專項意志力訓練，並牢記以下三句話：

不可能　　不可能
不可能　　　不可能
不可能　　不可能

> 堅定的意志力從來就藐視「不可能」這一藉口。
> 強大而又堅定的意志力不在乎那些「不可能」的事情。
> 在追求真理的過程中會發現意志力的高貴之處。

# 結語

美國社會心理學家羅伊·鮑邁斯特是意志力研究領域的先驅。1994年，他與凱斯西儲大學的戴安娜教授等人合寫了一本書：《失控：自我調節如何以及為甚麼失敗》。在書中，他們列舉了很多證據，説明了自我調節失敗對高離婚率、家庭暴力、犯罪等很多問題的影響。這本書影響很大，催生了一系列關於意志力、自控力的研究和測驗。有學者通過研究發現，自製力得分比智商、學術能力評估測試成績等，更能預測學生的能力。

研究者發現，在職場中，自製力也發揮着非常重要的作用。自製力測試得分高的管理者，同事們對他的評價較高；而且自制力強的人，容易與他人形成並維持安全而滿意的依戀關係。此外，自製力強的人，往往具有更強的同理心，更擅長換位思考，情緒更穩定，抗壓能力更強，也更不容易出現焦慮、抑鬱、偏執等問題。

大家可以通過健身、睡眠、冥想、自我鼓勵等方法提升意志力，從而調整良好的身心狀態，積極地面對生活。

# 一心多用是超能力，還是工作陋習？

## ——同時性損失

## 1 大忙人的一天

繁重的工作任務常常逼得人恨不得有三頭六臂，把所有工作都在一天內做完。

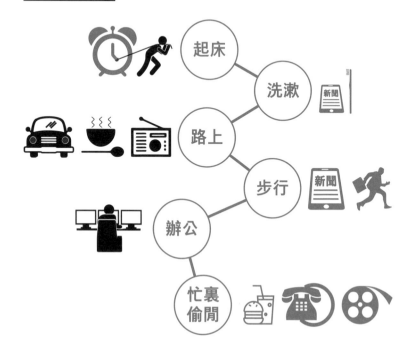

起床

洗漱 新聞

路上

步行 新聞

辦公

忙裏偷閒

# 2

# 一心多用是超能力？

雖然大忙人行色匆匆，看上去似乎有三頭六臂，具有同時處理多任務的超能力，但是——

**1**

心理學家認為，我們的注意力只能集中在一件事情上，一些人看似在同時進行多項任務，實際上只是多項任務斷斷續續、交替進行而已。

**2**

大多數心理學家認為，當進行多任務工作時，雖然很多人感覺自己節省了時間，實際上節省的時間非常有限。

**3**

相關心理學實驗表明：同時進行兩項工作，會嚴重損害工作質量。與單獨進行一項工作相比，同時進行兩項工作時，每項工作的成果會被削弱。這就是「同時性損失」。

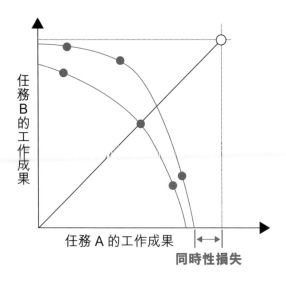

任務B的工作成果

任務 A 的工作成果 ←→ 同時性損失

（1） 把精力一分為二，同時進行工作 A 和工作 B，兩項任務都不能達到單獨完成時的效果。

（2） 把主要精力用來攻克任務 B（或 A），只拿出少量精力從事 A（或 B），付出精力少的那項工作，效率極低；而付出精力多的那項工作，也達不到單獨完成時的效果。

如果你從事的是對完成度要求較高的工作，請專注於這項工作，直到完成為止。不要中斷工作，不要把注意力轉移到其他事情上。

**一份真正重要的工作，值得你這樣對待。**

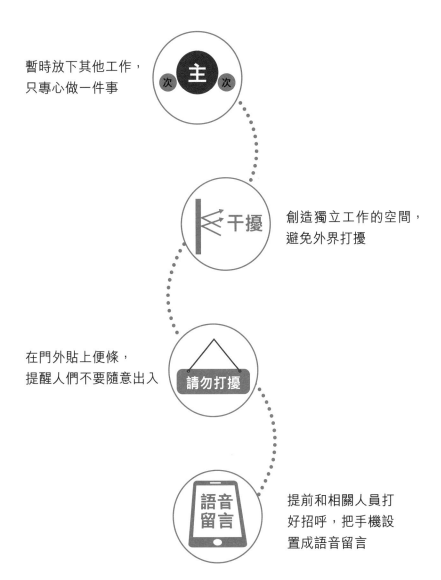

暫時放下其他工作，
只專心做一件事

主
次　次

干擾

創造獨立工作的空間，
避免外界打擾

請勿打擾

在門外貼上便條，
提醒人們不要隨意出入

語音
留言

提前和相關人員打
好招呼，把手機設
置成語音留言

# 既然沒有三頭六臂，
# 怎樣才能更高效地工作？

## （1）通過自動性，提高工作效率。

我們的記憶分為外顯記憶和內隱記憶。

**外顯記憶**

**內隱記憶**

在意識的控制下，過去經驗對當前作業產生的有意識的影響，比如陳述性記憶。

在沒有意識到的情況下，會影響你的行為和心理過程，比如程序性記憶。

「磨刀不誤砍柴工。」通過不斷練習，將一些工作的步驟和流程轉化為內隱記憶，就可以實現自動性，大大提高工作效率。

# 舉個例子

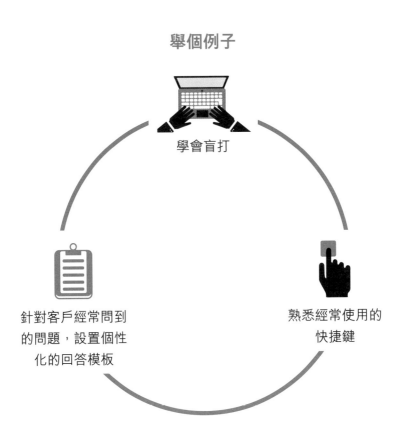

學會盲打

熟悉經常使用的
快捷鍵

針對客戶經常問到
的問題，設置個性
化的回答模板

## （2）把握他人心理，為自己爭取時間。

在工作中，有許多事情需要我們與他人合作才能完成。有時，
因為對方做事拖泥帶水，或者辦理業務時需要排隊，整個項目
的進度就會受到影響。這時，把握他人的心理，使對方提高辦
事效率，可以為自己爭取時間。

# 舉個例子

如果這個項目延誤了，
可能會影響您的收益。

如果這個項目能提前
完成，下一個項目我
也打算與您合作。

您好，因為我真的非
常着急，能否把我的
文件提前審批一下？

有研究顯示，在請人幫忙時，在話語中加上「因
為」，並對原因加以簡單的解釋，會增加人們同意的
概率。

在影印機前排隊影印，如果想提前影印，應該怎麼說？

**如果說**：「抱歉，因為我比較着急，可以讓我先影印 5 份嗎？」
**同意率**：94%

**如果說**：「抱歉，可以讓我先影印 5 份嗎？」
**同意率**：60%

## （3）建立屬自己的工作認知地圖

心理學家愛德華‧托爾曼通過讓老鼠走迷宮的實驗，發現通過反覆學習刺激和反應，老鼠的大腦中會建立起對應的「認知地圖」，這能幫助老鼠更快地走出迷宮。

經過訓練的老鼠，在走迷宮時，如果最短路線 1 沒有障礙，會選擇路線 1；如果最短路線 1 有障礙，會選擇較長路線 2；如果較長路線 2 也有障礙，會選擇最長路線 3。

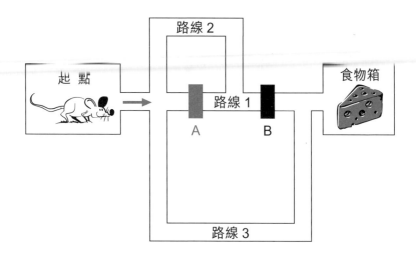

認知地圖就像真實環境的複製品。和老鼠相比，人類擁有更複雜的認知地圖，它可以為我們「導航」，讓我們能自如地步行或驅車到一個地方，快速地操作電腦鍵盤和各種軟件，也能幫助我們更快地從事其他工作，比如查找資料、整理文檔等。

# 結語

高速發展的現代社會讓人們變得前所未有地忙碌，覺得時間不夠用。自然，許多人形成了一心多用、多任務工作的習慣。可是，一些看似快的工作方法，實際上並沒有真正地節約時間；有時，還可能以犧牲工作質量和人身安全為代價。這主要是由我們大腦的工作機制決定的。

相關心理學研究表明，人類大腦的注意力具有指向性。也就是說，面對很多外界的刺激，我們的大腦不會全盤接受，而是會有所選擇，並且只能感知環境中的少數對象。如果要獲得對事物清晰、深刻和完整的反映，我們就只能有針對性地專注於一件事情。

有一項心理學實驗表明，即使是有多年駕齡的老司機，當他一邊駕駛一邊接聽電話時，注意力也會被分散，從而嚴重影響駕駛安全。所以，為了更高效地工作，建議一次只做一件事。

# 如何成為一個腦洞大開的人？

—— 頭腦風暴、集體無意識和 KJ 法

## 1

# 真人 VS 機器人

馬雲：「今天 50% 的職業將在未來消失！」

看到上面這句話，你是不是已經在想：

> 真的嗎？哪些職業會消失呢？

你是不是有些害怕，自己會加入未來大規模的失業浪潮中？

VS

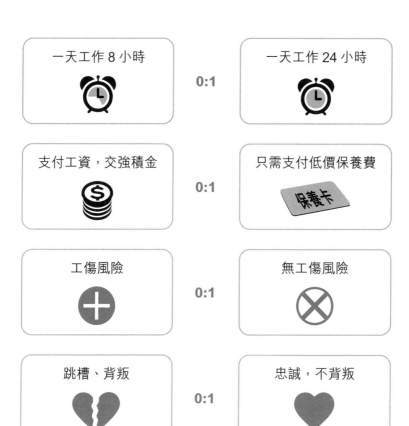

**不用怕。**

未來可能會消失的職業，很多都是需要重複性勞動的工作，
比如：

但是真正具有創造性的工作，暫時不太可能被淘汰，比如：

工程師

設計師

建築師

作家

## 2

# 創造力有
# 多重要？

如果你屬剩下 50% 的陣營，就可以高枕無憂了嗎？
NO！
因為，在消失 50% 的職業之後，工作崗位更少了，競爭更激烈了。

| 創造力弱（淘汰） | VS | 創造力強（優勝） |
|:---:|:---:|:---:|

| 舊方法 | | 新點子 |
|:---:|:---:|:---:|
|  | 0:1 |  |
| 舊思路 | | 新思路 |
|  | 0:1 | |

| 一成不變 | | 推陳出新 |
|:---:|:---:|:---:|
|  | 0:1 |  |

### 3 創造力的來源

## 頭腦風暴

### （1）激發創新的集體思考法

會議中首先有一個人發言，其他人對此展開討論，或提出新的想法。

**頭腦風暴原則**

○ 不評價、不批判他人的想法。
○ 尊重自由的想法。
○ 得到盡可能多的想法。
○ 結合、改良他人的想法。

## （2）激發個人創意的「奧斯本檢核表法」

當你的設計方案遇到阻礙時，不要輕易放棄。

不妨召開一次頭腦風暴的會議，或者對照頭腦風暴大師奧斯本先生為我們列出的「檢核表」，看看你的方案有沒有改進的空間。

**轉用（Put to other uses）**

有其他用途嗎？

**應用（Adapt）**

使用方法能否創新？

**變更（Modify）**

顏色、形狀等能否變化？

## 擴大（Magnify）

可以更大、更重、更長、更厚嗎？

## 縮小（Minify）

可以更小、更輕、更短、更薄嗎？

## 替換（Substitute）

可以換成其他東西嗎？

## 再構成（Rearrange）

通過改變順序，進行重組會怎麼樣？

## 逆轉（Reverse）

逆轉、相反、顛倒之後會怎麼樣？

## 綜合（Combine）

結合或聯合起來會怎麼樣？

## 集體無意識

著名心理學家榮格認為，在人們沒有意識到的深層心理中，潛藏着可貴的創造性。

有時，改變常規的生活模式，換一個環境，或者製造一種不同的感覺；比如旅行、沖個熱水澡、喝一杯小酒、約會、做一場夢，都有可能激發我們的靈感。

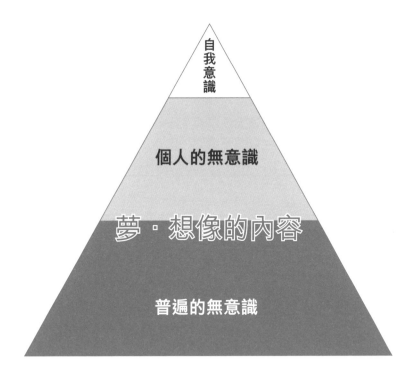

# KJ 法

日本地理學家川喜田二郎,雖然他的專業不是心理學,但他提出了被心理學家們廣泛認可的「KJ 法」。

## 「KJ 法」的操作

在從事創造性工作時,先準備好一些白紙或空白卡紙。

當頭腦中產生一些想法時,雖然不清晰、不完整,但要及時記錄下來。

隨後,按照左圖,對卡紙和白紙上的內容進行整理,並按照各種方式組合。

對已整理的卡紙進行分析,得到較為清晰、完整的思路和想法。

# 結語

很多心理學家不認為天才具有超出常人的智商，但認為天才具有異乎尋常的創造力。創造力在各個社會領域都很重要，它推動著人類社會不斷前進。

在未來社會，許多工作被機器人取代已經成為不可阻擋的趨勢。要戰勝機器人，在激烈的職場競爭中獲勝，我們必須用創造力武裝自己的頭腦。

不過，要想獲得創造力，我們需要講究一些方法。比如，被譽為美國創造學和創造工程之父的亞歷克斯・奧斯本是頭腦風暴法的發明人。作為一種群體智力激勵法，頭腦風暴不是一群人隨便聊聊就可以，要真正獲得良好的效果，就應該對與會人員、發言時間等進行合理的控制，並且要遵循一些規則。

至於怎樣的規則更有利於人們在頭腦風暴的過程中產生優質的創意和想法，後來的研究者持有和奧斯本不同的看法。比如，一些社會心理學家發現，「不評價、不批判」其實不利於創造好點子；相反，提出對立的觀點，反而能刺激更深入的思考。此外，還有一些研究者提出，可以在頭腦風暴過程中通過書面方式交流，以避免思維被打斷。

此外，「集體無意識」和「KJ法」的具體運用也因人而異。每個人都可以在這些方法的基礎上，尋找適合自己的方法，讓自己變得更具創造性。

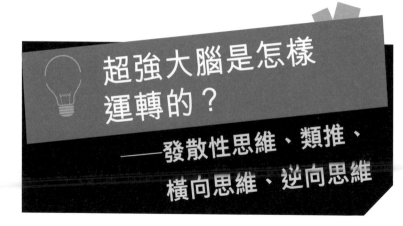

# 超強大腦是怎樣運轉的？

## ——發散性思維、類推、橫向思維、逆向思維

**1**

# 強大的大腦，與你無緣？

你是否也想過成為福爾摩斯、柯南這樣的人，通過一個不起眼的線索，就能找到問題的癥結？或者成為牛頓、愛因斯坦這樣的人，通過一個蘋果思考出地球引力，努力探索就能揭示宇宙奧秘？

**不要灰心。**

因為心理學家研究發現，一個人的思維能力，與其說取決於與生俱來的「智商」，不如說取決於後天的訓練。只要掌握正確的思維方法，你也可能成為「推理天才」。

# 2

# 發散性思維

發散性思維又叫輻射思維，與「收斂性思維」相對，它的特點是：一題多解，一物多用，一事多寫。突破陳規，尋找另一種可能的途徑、表述和答案。

**舉個例子**

◎ 一個人站在屋子裏，一手抓住一根繩子的末端，想用另一隻手去抓另一根繩子的末端，卻怎麼也觸碰不到。

在屋子的地板上，有一個乒乓球、五個螺絲釘、一把螺絲刀、一杯水和一個紙袋。

你能幫他想個辦法，讓他能同時抓住兩根繩子嗎？

心理學家發現，對於我們身邊熟悉的事物，我們容易固化它常用的功能，而忽略了它的其他功能。這就是**功能固着**。

有意識地尋找熟悉之物的新功能，可以讓我們突破常規思維，獲得創造性。

如果工具箱不夠高，你是否想到螺絲刀可以有新的用途呢？它不僅可以用來擰螺絲，還可以用作擺錘，這樣問題是不是就迎刃而解了？

### 3 類推

許多問題不是苦思冥想就能靈光乍現的。多看一看身邊熟悉的事物，尋找它和你正在思考的陌生事物的共同點，也許解密的鑰匙就藏在裏面。

舉個例子

◎ 公司 CEO 找助理

| 第一任助理 A | 第二任助理 B | 第三任助理 C |
| --- | --- | --- |
|  |  |  |
| 女　27 歲 | 女　35 歲 | 男　23 歲 |
| 牛津大學碩士 | 劍橋大學本科 | 史丹福大學本科 |

那麼，作為人力資源負責人，你應該怎樣為 CEO 尋找第四任助理呢？

綜合分析這位 CEO 的喜好：
性別？年齡？學歷？國外名校？

 在尋找第四任助理時，首先可以按照是否擁有國外知名院校求學經歷這一條件進行篩選，然後綜合比較其他條件。

# 4
# 橫向思維

人們總是習慣於縱向思維，即往深處思考問題。但很多時候，我們不妨跳出思維的深井，看看有沒有「第三條」道路可選。

舉個例子

◎ 你知道怎樣用不超過 4 條的直線，將這 9 個點串聯起來嗎？

心理學家發現，我們在思考時，習慣於自我施加限制，即總是將思維局限在某個無形的框架內，從而阻礙我們的創造性思維。

突破自我限制就能豁然開朗，在小徑交叉的花園裏找到那條對的路。

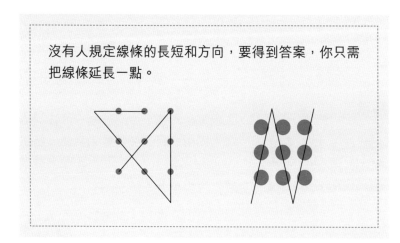

沒有人規定線條的長短和方向，要得到答案，你只需把線條延長一點。

## 5

# 逆向思維

逆向思維，顧名思義就是反其道而行之，把問題變成答案，把缺點變成優點，化腐朽為神奇。

### 反向型逆向思維

吸塵器的排氣端，
會排出一股熱氣。

一個法國人受吸塵器
啟發，發明了吹風機。

### 轉換型逆向思維

一個小孩掉進大水缸
裏，怎麼救他？

把缸砸破。

### 缺點型逆向思維

褲子不小心破了個洞。

乾脆做成破洞褲。

# 結語

人類之所以能佔據地球生物金字塔的頂端，靠的主要是獨一無二的思維能力。一個善於思考的人往往具備辨識問題、解決問題、迅速做出判斷和決策等能力，而這些能力正是每一個職場人嚮往的。

不要沮喪，這些才能不是天生的，要想在職場中表現非凡，就得掌握「職場秘笈」。

心理學家韋斯伯格認為，天才的思維過程，其實和普通人的思維過程沒甚麼兩樣。在工作中，如果你能靈活運用創造性思維、類推、橫向思維、逆向思維這些常規的方法，你會發現你的思維能力正在慢慢發生變化。

Chapter

02

# 快樂
# 職場人

用心理學
提升工作積極性

# 你在為誰工作？
## ──需求層次理論

**1**

## 因為需要，所以追求。

驅力理論，指的是當有機體的需要得不到滿足時，會在有機體的內部產生內驅力刺激，這種內驅力刺激引起反應，從而使需要得到滿足。根據驅力理論，我們的生理需求會成為一種驅動力，讓我們為了滿足需求而採取相應的行動。

麵包　　牛奶　　　　　工作

## 驅力減少

當我們的需求逐漸得到滿足時，原先驅使我們行動的動力就會減少。

# 職場人的五個階段

心理學家馬斯洛提出了需求層次理論，即人的需要由生理的需要、安全的需要、歸屬與愛的需要、尊重的需要、自我實現的需要五個等級構成。人生就像一個攀登的過程，在不同的階段，會有不同的人生目標。正是這些目標讓你孜孜不倦地工作，向著夢想邁進。

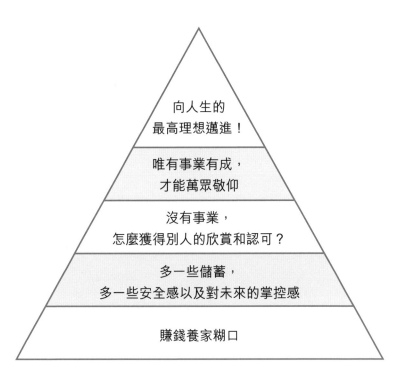

向人生的
最高理想邁進！

唯有事業有成，
才能萬眾敬仰

沒有事業，
怎麼獲得別人的欣賞和認可？

多一些儲蓄，
多一些安全感以及對未來的掌控感

賺錢養家糊口

# 3

## 麥克萊蘭定律

動機是讓我們產生行動的
一種內在動力。

外部動機
美食  榮譽  獎品  金錢

麵包

內部動機
好奇心  好勝心  求知慾  興趣  互惠的願望

心理學家戴維·麥克萊蘭通過實驗發現高成就需要的人，比低成就需要的人：

更努力

更成功

在面臨困難任務時表現出更多的毅力

更願意擔任有挑戰性的工作

更有可能成為領袖

更容易晉升

# 結語

為甚麼要從事某份工作？

這樣做真的有意義、有價值嗎？

為了一份工作，值得付出那些代價嗎？

身在職場，我們時常會對現狀感到迷惘，找不到工作的意義和價值，也不知道接下來該何去何從。

當你迷惘的時候，不妨先放下心中的苦惱，回過頭來看看，心理學家們是怎樣解釋工作的。

你是否厭倦了每天朝九晚五的工作，認為這樣是在虛度生命呢？

你是否理解為甚麼自己安於現狀，而你的朋友卻雄心勃勃呢？

你是否厭倦了頻頻跳槽，卻始終找不到一個合適的崗位呢？

對照文中的馬斯洛需求層次理論，看看自己目前處在哪個需求層級，再撫心自問，你的內心真正想要的是甚麼，又是甚麼外在的誘惑讓你蠢蠢欲動。相信你會豁然開朗，慢慢找到屬自己的節奏。

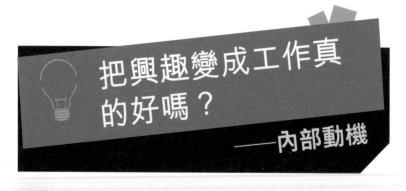

## 把興趣變成工作真的好嗎？

### ——內部動機

**1**

# 世界上存在完美的工作嗎？

一萬個人眼中，有一萬種不同類型的完美工作，其中有一種「完美」，就是興趣與金錢相結合。

哈哈，我的工作正是我最喜歡做的事！

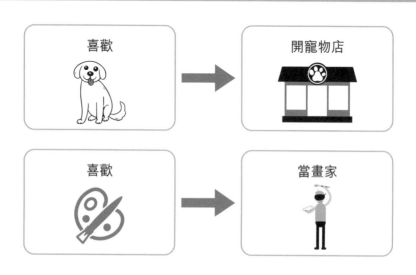

喜歡 → 開寵物店

喜歡 → 當畫家

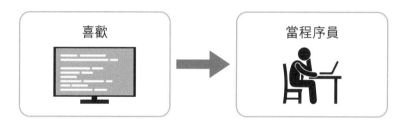

| 喜歡 | → | 當程序員 |

## 2

# 小心「完美」工作有陷阱！

做自己喜歡做的事情，還可以賺錢，當然是最好的。
但要小心，「完美」工作也有瑕疵。

**工作室畫師**

這一百幅畫，客戶下個星期就要取貨。

**程序員**

甚麼？又要改？

**程序員**

寵物店店長

請給我的乖乖（狗熊）修剪一下指甲。

這個……

## 拒絕？

顧客就是上帝，
伺候好上帝，
才能擁有「錢途」！

## 忍耐？

這不是我想要的！
這不是我喜歡的！

**3**

# 「錢途」 VS 興趣

根據認知相符理論，人們會努力讓自己的內部認知與外部行為保持一致。當發生認知失調時，人們要麼改變認知，要麼改變行為。

| 選擇「錢途」 | 選擇興趣 |
|---|---|
|  |  |
| 犧牲興趣 | 犧牲「錢途」 |
|  |  |

興趣 + 金錢的理想破滅

「錢途」和興趣都不想失去

| 改行<br>興趣歸興趣「錢途」歸「錢途」 | 解決衝突<br>賺到金錢又感興趣的項目 |
|---|---|
|  |  |

完美結局？

4

# 解決金錢和興趣的矛盾，就真的完美了？

你也許會想，如果能找到多金又符合自己興趣的項目，一切就完美了。

很遺憾……

20 世紀 70 年代，心理學家愛德華．德西和馬克．萊珀幾乎同時發現，外部報酬有時會削弱內在積極性，這一現象被稱為「過度合理化」。

喜歡畫畫，雖然沒有任何報酬和獎勵，仍然每天畫畫，感到很開心。
喜歡畫畫，如果每完成一張畫，給予一定的獎勵，當得不到獎勵時，畫畫的興趣就有可能降低。

因此：

如果工作能成為享受，還能獲得優厚的待遇，自然很美妙。

如果無法從事感興趣的工作，也不要難過。興趣歸興趣，金錢歸金錢，也不是壞事。

# 結語

當我們從事一份工作時，其實涉及很多複雜的動機，歸納起來，可分為外部動機和內部動機。外部動機，主要指外在的影響因素，比如優厚的待遇、舒適的工作環境、良好的晉升機會、他人的讚賞和肯定等；而內部動機主要指個人對成就的嚮往、興趣愛好等。

在各種各樣的動機中，金錢和興趣常常是影響我們做出職業選擇最重要的動機，遺憾的是，這兩者往往很難同時滿足。有時為了金錢，我們不得不放棄興趣；有時為了興趣，又不得不損失發財的機會。如果你正在為無法從事感興趣的工作而感到遺憾，那麼在了解兩者的關係後，是不是心中更釋然了呢？

也許，這世上不存在完美的工作。一份工作是否完美，在於你看待它的角度。正如心理學家托裏·希金斯發現的那樣，人們的行為會影響態度。Just do it！告訴自己，雖然這份工作不是自己最喜歡的，但它也值得堅持，那麼你可能會發現，它真的慢慢彰顯出你原先不曾看到的價值。

# 如何讓別人服你？
## ——米爾格拉姆服從實驗

## 擁有身份，掌控權力。

相關研究發現，富有魅力的上司和權威人物，能夠讓群體服從自己。而同時擁有相應的職位和權力，是成為權威人物的前提。

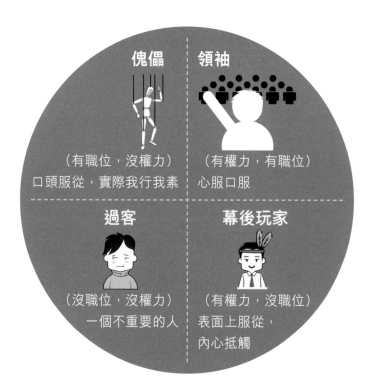

傀儡

（有職位，沒權力）
口頭服從，實際我行我素

領袖

（有權力，有職位）
心服口服

過客

（沒職位，沒權力）
一個不重要的人

幕後玩家

（有權力，沒職位）
表面上服從，
內心抵觸

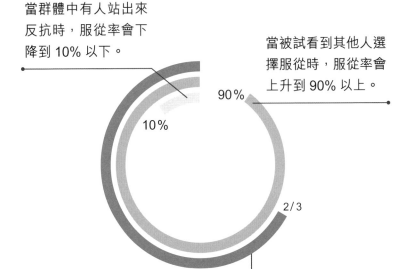

## 米爾格拉姆服從實驗

20 世紀 60 年代，耶魯大學心理學家米爾格拉姆主持進行了著名的「電擊實驗」，讓被試扮演「老師」的角色，對答錯的「學生」進行電擊，而且錯的題愈多，電擊時的電壓就愈高。測試者還告訴「老師」，不管「學生」發生甚麼，一切後果均由實驗組負責。

## 研究顯示

當群體中有人站出來反抗時，服從率會下降到 10% 以下。

當被試看到其他人選擇服從時，服從率會上升到 90% 以上。

90%

10%

2/3

多達 2/3 的被試在實驗過程中選擇了服從權威，將電壓開到最大值 450 伏。

■ 當正常實驗時
■ 當被試看到其他人選擇服從時
■ 當群體中有人站出來反抗時

# 2

# 一個好漢三個幫

社會心理學家阿希通過實驗發現：

## （1）在一個群體中，少數派會屈從於多數派。

## （2）群體大小會影響人們的從眾表現。

當多數派群體的人數超過 3 個時，群體中的其他成員容易受從眾壓力影響，發生從眾行為；否則，多數派的影響力較小。

（3）多數派內部一定要保持高度一致性，否則，很難對群體中的其他人產生影響。

## 實驗啟示

盡量爭取超過半數人的支持。當支持你的人超過群體人數的一半時，你們就形成了多數派，會讓少數派在從眾壓力下選擇服從。

群體規模不宜太小，最好在 4 個人以上。

先搞好內部團結，再實現外部征服。

## 3

# 成為某個領域
# 的專家

研究顯示，在某方面能力
出眾的人，容易擁有話語
權，並且容易獲得他人的
尊重。

**想擁有話語權，還得有一手！**

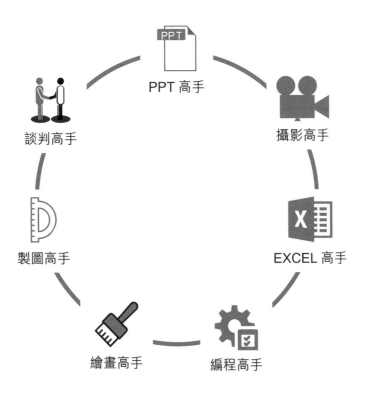

## 4

# 要求公開承諾，而不是私下承諾。

根據認知相符理論，人們普遍存在追求認知一致性的傾向。

他人一旦在公開場合（比如公司表揚大會）表達了對你的認可、承諾與支持，人們就更容易做出與之對應的行為，而他們的行為將進一步加固和強化認可你、支持你、服從你的傾向。

努力爭取他人的公開支持與承諾，而不是私下支持與承諾。

## 5

# 給出二選一的選擇題

美國心理學家巴里・施瓦茨告訴我們，選擇不是愈多愈好。很多時候，太多的選擇反而會讓人不知該如何抉擇。在職場，想讓人贊同你的某個決定或方案，你只要給出兩個相似的答案，讓他們二選一即可。

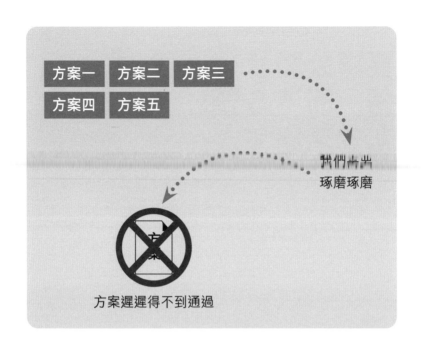

方案一　方案二　方案三

方案四　方案五

我們去做

琢磨琢磨

方案遲遲得不到通過

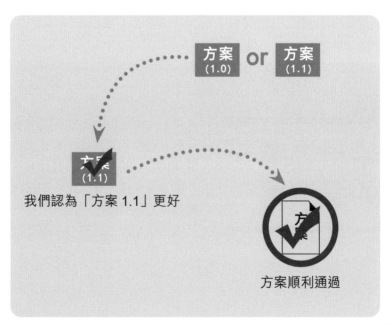

方案 or 方案
(1.0)　　(1.1)

方案
(1.1)

我們認為「方案 1.1」更好

方案順利通過

# 結語

我們所處的職場，是由許多人構成的或大或小的群體，組成群體的每一個個體都千差萬別，但同時，他們之間也存在着許多共性。

社會心理學家研究發現，群體會影響個體，使少數派迫於從眾壓力服從多數派；同時，個體也會對群體產生巨大的影響，成為影響群體的風雲人物。

那麼，在影響和被影響中，你扮演着哪種角色呢？

其實，不管你渴望自己扮演哪種角色，或者正在扮演哪種角色，要想出色地完成工作，你都需要用自己的言行去影響一些人，並獲得他們的認可與支持。在這個過程中，如果你了解服從是怎樣發生的，就可以更好地影響他人，更好地了解其他人贊同或反對的原因，並有效地利用這些規律，讓自己更好地工作。

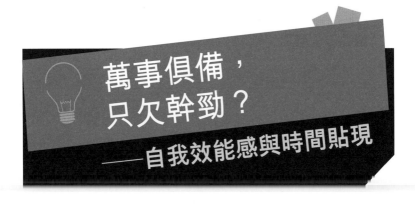

# 「近視」職場人

假設你是一家大公司的職員，公司前景甚好，現在有兩個崗位擺在你面前，你會選擇哪個崗位呢？

| 崗位 A | | 崗位 B |
|---|:---:|---|
| 工作環境：★★★★★ | | 工作環境：★★★★ |
| 人際關係：★★★★★ | | 人際關係：★★★★ |
| 公司前景：★★★★★ | | 公司前景：★★★★ |
| 工作待遇：10 萬元年薪 | **VS** | 工作待遇：15 萬元年薪 |
| 滿 10 年：晉升為分公司總裁，享受公司年度分紅（預計 500 萬元） | | 滿 10 年：晉升為分公司部門經理，無公司年度分紅 |

 從感性角度來看，500 萬分紅，當然要選擇崗位 A！

 可是，研究者發現，在現實中，大多數人會傾向於選擇崗位 B。原因是人們對眼前的好處和壞處更為敏感，而容易忽略長遠的好處和壞處。人們的這一心理現象，被心理學家稱為時間貼現。

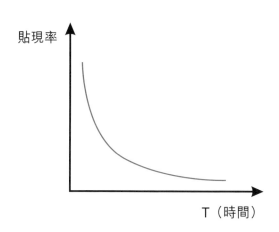

## 矯正「時間貼現」的職場「近視」

對「10 年後獲得 500 萬元分紅」進行折算

每年分紅 50 萬元

# 2

# 情緒職場人

心理學家斯坦利·斯坎特認為，我們只要在腦海中想像某些場景，就可以喚起某種情緒。當你想像前途一片黯淡時，你就會灰心、失望，失去工作動力和積極性；當你想像前途一片光明時，就會充滿鬥志、信心和希望。

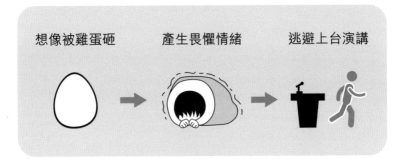

想像被雞蛋砸　　　產生畏懼情緒　　　逃避上台演講

想像掌聲如雷　　　產生喜悅情緒　　　嚮往上台演講

當你缺乏幹勁時，不妨想像一下得到這些獎勵時的情景。
相信你會幹勁十足。

# 3

# 自卑或自負的職場人

## 低自我效能感的自卑職場人

很多時候，我們缺乏工作幹勁，不是不喜歡這項工作，而是自我效能感比較低，對完成工作缺乏信心。

一年開發 52 個新客戶。

難度好大！

懷疑自己完不成任務，工作缺乏幹勁。

心理學家阿爾伯特・班杜拉認為，當我們對需要長期堅持才能完成的目標缺乏信心時，不妨採取化整為零的方法，把全年的計劃細化為每週或每日計劃。這樣有利於提高自我效能感，讓我們重拾信心，充滿幹勁。

把一年開發 52 個新客戶轉化為每週開發 1 個新客戶。

我可以完成！
工作充滿幹勁。

## 盲目自信的自負職場人

心理學家還發現，高估自己的才能會導致計劃拖延，並影響工作積極性。

工作太簡單

沒必要認真準備
沒必要這麼早開始
沒必要投入太多精力
沒必要反覆核查

FAIL

準備不足
計劃拖延
草草了事
錯誤百出

調整自我評價的方式，用工作成果來衡量自己的才能，會讓我們以任務為導向，變得更加務實。

**4**

# 無助的
# 職場人

不斷的失敗和打擊，會使人產生「習得性無助感」，即認為不管自己怎樣努力，結果都是一樣的。

一旦陷入這種心理模式，人們就會變得意志消沉，失去努力工作的願望和動力。

當一天和尚撞一天鐘！

相關研究發現，習得性無助感並非不可攻破。適時調整目標，做一些能力範圍內的事，有利於重新培養自信，形成控制感。

# 結語

許多人都認為自己是明智和理性的，所有決定都是自己經過慎重考慮做出的。但真的是這樣嗎？

心理學家發現，作為理性人，我們很多時候其實並不理性，我們的情緒，我們對事物價值的主觀判斷，以及我們對自我能力的判斷，都會影響我們的計劃和決定。

比如，受到時間貼現的影響，我們常常會選擇那些沒有挑戰也不會帶給自己成長的工作，只為了按月拿到一份穩定的工資。而那些需要長期堅持、收益頗豐、可以讓自己得到快速成長的項目，卻因為無法立刻得到回報而被我們忽視。我們有時會為了每月 1,000 元的加薪而拼命熬夜，卻忽略它正在摧毀我們的健康，而失去的健康，我們可能花 10 萬都換不回來。

我們容易被心情主宰，成為情緒的奴隸，導致工作起來積極性忽高忽低，脾氣忽好忽壞，對未來的預期也很不穩定，這些都將使我們的工作表現大打折扣。

此外，不論是自我效能感缺失，還是盲目自信，帶來的負面影響都不可估量。

雖然你、我、他都不是完全的理性人，但了解自己可能會在哪裏「絆倒」，會使我們更好地繞過障礙，更順利地推進工作。

## 壓力，真的有那麼大？

### ——認識壓力並學習減壓法

# 我們要承認壓力的存在

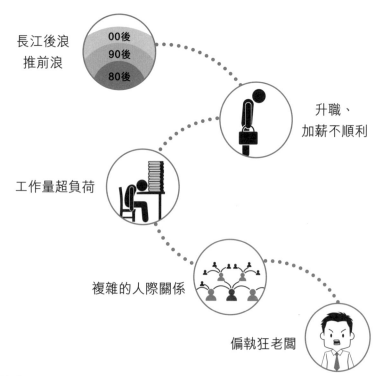

長江後浪
推前浪

00後
90後
80後

升職、
加薪不順利

工作量超負荷

複雜的人際關係

偏執狂老闆

## 2

# 壓力是甚麼？

創傷性事件、重大的生活變化，甚至一些微不足道的煩心事，都會引起應激反應。這些應激反應就是壓力。

### 壓力是一把雙刃劍

 適度的壓力可以促進我們的成長和進步。

 短期內無法承受的巨大壓力，或者持續性的壓力，都會嚴重影響我們的身心健康。

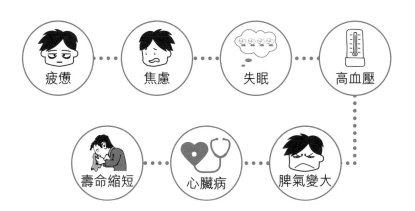

疲憊 ⋯⋯ 焦慮 ⋯⋯ 失眠 ⋯⋯ 高血壓

壽命縮短 ⋯⋯ 心臟病 ⋯⋯ 脾氣變大

3

# 如何抗壓？

## 提高心理適應能力

我們對外部環境的適應能力，大大超出我們的想像。當我們持續從事一項壓力較大的工作時，會漸漸適應這種節奏，心理不適的感覺會削弱。

### 噪聲實驗

有研究者通過讓被試以不同的方式聽吸塵器的噪聲，來測試其心理不適的指數，結果發現：

- 第一次聽 5 秒噪聲的小組，心理不適最嚴重；
- 在聽了 40 秒噪聲後，休息幾秒，然後再聽 5 秒噪聲的小組，不適程度略低於第一組被試；
- 一直聽 40 秒噪聲的小組，不適程度最低。

焦慮不與時間成比例的機制

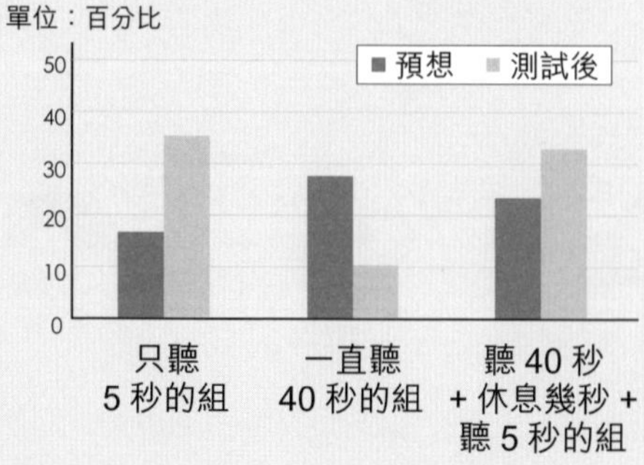

## 實驗啟示

（1）我們對壓力具有適應能力。因此，如果是可以承受的壓力，與其逃避，不如迎難而上。攻克了難關，對於自己也是一種成長。

（2）一旦決定挑戰困難，最好一鼓作氣完成。如果猶猶豫豫、中途停頓，感受到的心理壓力會更大；半途而廢，挑戰失敗的可能性也更大。

## 表達，而不是沉默或發洩

「不在沉默中爆發，就在沉默中滅亡。」是許多人處理壓力的方式。但心理學家告訴我們，「爆發」不是解壓的好辦法，當然也沒必要讓自己成為「沉默」的犧牲品。

當面臨被他人誤解、受到不公正對待、任務太繁重等壓力時，學會選擇合適的時機，與相關同事進行冷靜的溝通，是消除壓力的有效方法之一。

## 用新的角度，重新闡釋工作

有些壓力客觀存在，而有些壓力與我們看待世界的方式有關。有時，調整一下自己的看法，一些壓力就會得到緩解，甚至被消除。

老闆把我當機器用。
這麼多工作，
我怎麼可能完成？！

老闆很器重我。
我盡力去做就好，相信
老闆會看見我的努力。

他當眾批評我，
太不給我面子！

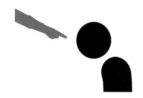

謝謝他的批評，
讓我變得更好。

我的工作不行，
朋友們的收入都比我高！

雖然收入不高，
但我工作輕鬆，錢也夠用。

壓力

壓力

## 用幽默來改善心情

當我們無法改變壓力存在的狀況時，我們可以選擇改變自己的心境。研究者發現，培養並表現幽默感，能有效降低壓力帶來的負面影響。

想一些美好的事情

做一個讓自己快樂的人吧！

看一個幽默短片

跟同事一起聊聊八卦新聞

工作間隙給同事們分享一則幽默笑話

## 積極鍛煉

相關研究顯示，經常鍛煉不僅有益於身體健康，還可以作為化解憤怒的出口，而且能增強我們的認知功能，讓我們具備更強的解決問題的能力。

## 建立必要的辦公室友誼

心理學家發現，社會支持是紓緩壓力的有效方法之一。

在職場中，一個孤身奮戰的人，會比有朋友的人感受到更大的壓力。

## 辦公室友誼的好處

◆ 互通和掌握更多的訊息，有利於更好地估計形勢，做出判斷和決定。

聽説下週要開會……

我收到一條重要通知……

我們要和 ×× 開始合作……

◆ 在工作遇到困難時，得到實際的幫助和支持。

 我來幫你做 PPT。

 我有個客戶要介紹給你。

 這件事我來幫你解釋。

◆ 在遇到挫折時，得到安慰和鼓勵，讓自己重拾信心。

 別難過，這不是你的錯。

 你已經做得很好了。

 忘了這一切吧！

## 保持樂觀，積極面對挫折和困難

研究者發現，樂觀主義者往往具有更強的抗壓能力。保持樂觀，像樂觀主義者一樣思考問題，可以有效緩解壓力。

心理學家塞利格曼發現，當面對消極事件時，樂天派傾向於這樣歸因：

◆ 消極事件由特定的原因引起，而不是普遍存在的問題。

我只是這次沒做好，平時表現還不錯。

◆ 消極事件由特定的情境引起，而不是個人的問題。

這一次失敗是因為……，並非我能力不行。

◆ 消極事件是暫時的，而不是永久的。

這一次失敗，不代表下一次還會失敗。

# 結語

身在職場，怎麼可能沒有壓力？有些壓力會讓我們成長，但有些壓力會讓我們抑鬱。

關於如何化解壓力，美國心理學家馬丁·塞利格曼經過多年的研究，總結出一系列幫助人們減輕痛苦、紓緩壓力的方法和成功經驗，比如要有積極的情緒，要投入，要有良好的人際關係，要有目標，要做有意義的事等等。這些方法和經驗，不僅適用於我們的生活，也適用於職場。

除了塞利格曼，美國心理學家道格·亨施也是壓力研究方面的專家。道格·亨施還是專業的高層主管教練、顧問和企業培訓師，他根據 40 多年的專業研究和約 20 年的專業實踐，總結了一系列幫助人們克服壓力的方法，比如變通思維、建立自我效能感、學會適時放棄等。

當然，要順利地完成一份工作，壓力不是愈小愈好。美國心理學家羅伯特·耶基斯通過實驗發現，老鼠的學習成果與學習能力之間，存在「倒 U 形」的關係。而這種關係也適用於工作效率和工作壓力，即當毫無工作壓力時，人們的工作表現並不理想；隨着壓力慢慢增加，工作效率會逐漸提高；而當壓力增加到一定程度時，又會阻礙工作的順利進行，且壓力愈大，阻礙愈大。

Chapter

03

# 團隊
# 合作力

用心理學
加強團隊力量

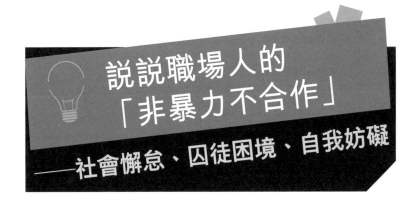

## 說說職場人的「非暴力不合作」
### ——社會懈怠、囚徒困境、自我妨礙

# 甚麼是職場人的「非暴力不合作」？

在工作中，有許多事情需要大家一起合作完成，但是，社會心理學家發現，想讓群體中的每一個個體都真誠地與他人合作，是一件非常困難的事情。

## 社會懈怠

個體作為群體中的一員進行群體活動時，會降低自己的努力程度和表現水平。

> 我不做，
> 反正有他們做。

在團隊中，常常有人偷奸耍滑。

## 囚徒困境

如果選擇合作，雙方應該得到更高的回報；但在現實中，人們卻可能為了一己私利，選擇背叛，結果是損人不利己。

別怪我，我也是迫个得已……

在公司裏，有競爭關係的兩個人往往面和心不和，喜歡在背地裏相互拆台。

## 自我妨礙

在表現情境中，個體為了迴避或降低因不佳表現所帶來的負面影響，會故意做出一些讓自己失敗的行為。

我做不好？你知道，這是有原因的……

在一些人看來，做不好工作可以有一萬個理由，唯獨不能是能力不行。

# 2

# 那些選擇不合作的人，到底是怎麼想的？

社會懈怠

**「今天接了個大訂單，大家要加油！」**

我們一定盡力而為。

表面

內心

為甚麼要加油？反正每個月拿的是固定工資。
有那麼多人在幹活，我一個人少做點無所謂。
何必那麼積極，除非有獎勵。

研究者發現，社會懈怠現象出現，主要有兩大原因：

◆ 團隊成員太多。當總人數超過 5 個時，團隊的工作效率開始下降。

我只是大集體中的一員，
偷會兒懶不會對集體有甚麼影響，
所以不必太努力。

◆ 缺乏針對個人的考核制度。

做得好，沒人看見；做得不好，也不會怎麼樣，
所以不必太努力。

◆ 有將個人的工作績效與薪酬掛鉤。

沒做多或做少，拿的都一樣，所以不必太努力。

## 囚徒困境

**「這個項目很重要，你們一定要好好配合。」**

我們會密切交流，充分溝通。

表面

內心

我不相信他會在上司面前誇我，所以我要多多地自誇。我不是不想幫他，但是誰知道他會不會幫我？在裁員潮下，別怪我攻擊你的軟肋，我也只是為了自保。

## 職場版「囚徒困境」

|  | A 合作 | A 背叛 |
|---|---|---|
| B 合作 | A、B各加薪1,000元，晉升一級 | A加薪2,000元，B被炒魷魚 |
| B 背叛 | A被炒魷魚，B加薪2,000元 | A、B都不能加薪、晉升 |

在彼此不信任的情況下，為了避免被炒魷魚的結果，A 和 B 可能都會選擇背叛對方。

**TIPS**

- 囚徒困境的現象普遍存在，而它的出現主要是因為信任的缺失。
- 因為害怕被暗中傷害，所以選擇先下手為強。

## 自我妨礙

### 「這個項目很重要，你可以勝任嗎？」

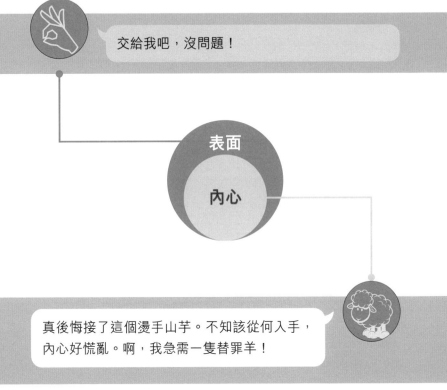

交給我吧，沒問題！

表面

內心

真後悔接了這個燙手山芋。不知該從何入手，內心好慌亂。啊，我急需一隻替罪羊！

TIPS 自我妨礙現象容易出現在不知道自己能否做好但又不得不做的情境下。出現這一現象,主要有以下幾點原因:

◆ 自我效能感較低,對能否很好地完成任務缺乏信心。

我最近實在太忙,還來不及開展這項工作。

◆ 不知道自己的工作會被如何評價。

最近我一直在熬夜加班,如果出了甚麼差錯,一定是過度疲勞所致。

◆ 為可能出現的批評提前找好擋箭牌。

真的很抱歉,見客戶那天我身體有些不適,所以表現不太好。

# 讓我們談一下「合作」吧！

**掃除懈怠，讓每一個團隊成員充滿幹勁。**

◆ 實行小團隊管理，每個小組的成員不超過 5 個。

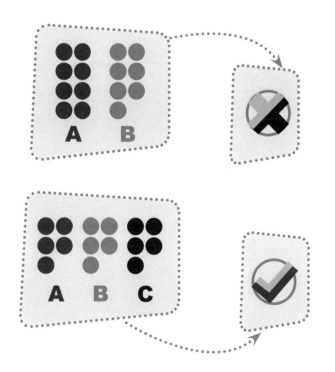

◆ 對個人績效進行考核，設立和個人績效掛鈎的薪酬、獎懲制度。

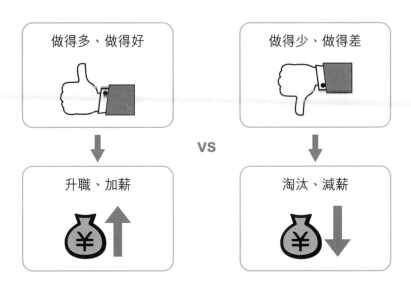

利益綁定，促使成員之間相互合作。

◆ 項目成功，兩個人都有獎勵；項目失敗，兩個人都被開除！

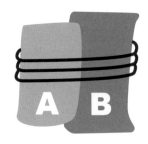

## 跳出職場「囚徒困境」

| | A 合作 | A 背叛 |
|---|---|---|
| B 合作 | A、B各加薪1,000元，晉升一級 | A、B都被炒魷魚 |
| B 背叛 | A、B都被炒魷魚 | A、B都被炒魷魚 |

## 消除顧慮和心理壓力，讓團隊動起來。

◆ 多鼓勵，少批評。

相信你自己……
你沒問題的……
比起成敗，我更在乎
你是否盡力了……

# 結語

明明給員工的待遇不錯，他為甚麼不肯努力？

為甚麼有些人總是習慣在上司和同事面前揭露別人的短處？

為甚麼有些人平時表現尚可，一遇到重要的事情就臨陣脱逃？

身在職場，不知道你是否也曾有過類似這樣的不解。如果你是一名管理者，一定很為這種現象感到頭疼。好在「一物治一物」，心理學家為我們找到了這些問題的癥結。要想糾正團隊成員互不合作、工作拖延等弊病，你可以對團隊人數、獎懲制度、辦公室文化等進行重新設計，以達到最佳的效果。

如果你是團隊中的一員，想要更好地表現，卻為自己的努力得不到認可而苦惱，請不要虛度年華。向公司提出合理的改進建議，或者果斷跳槽，尋找能發揮自己所長的崗位，是更好的選擇。

如果你正身陷「囚徒困境」，不知道該怎麼做，不妨先花點心思來了解合作者的人品。如果對方是個正直的人，你可以放心地合作；但如果對方在過往的職場中劣跡斑斑，那麼還是小心為上。

至於自我妨礙的困境，則需要你有意識地下決心突破。捫心自問，當你遇到壓力、挫折、有挑戰性的任務時，你是否在找各種藉口逃避呢？如果是，就請停止這樣做吧！畢竟，不努力，你怎麼知道自己有多優秀？

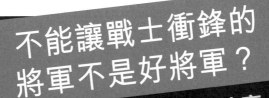

# 不能讓戰士衝鋒的將軍不是好將軍？

## ——霍桑效應、皮革馬利翁效應、社會促進、啟動效應

當衝鋒的號角響起，一個將軍該怎樣讓士兵向前衝？

---

策略 1

# 我希望，我表達。

---

在影響人們決策的因素中，有一種因素稱為易得性偏差，即人們存在這樣一種錯覺，認為容易想出來的事情，在現實中也容易實現。

## 一樣的表現，不一樣的反應

| | A | B |
|---|---|---|
| 表現 | ✓✓✓ ✗✗✗ | ✓✓✓ ✗✗✗ |
| 評價重點 | ✓✓✓ ✗✗✗ | ✓✓✓ ✗✗✗ |
| 反應 | 我不行 ☹ | 我還行 ☺ |

## 易得性偏差的啟示

在職場中，你想得到甚麼，就需要多呈現甚麼，把願望說出來，讓大家看見。

 **目標**：想讓團隊更有信心。

 **行動**：多回顧階段性的成果。

# 說甚麼，就是甚麼。

 心理學家羅伯特・羅森塔爾通過實驗發現，老師對學生的期待會讓學生表現得更優秀。這就是「**皮革馬利翁效應**」。

「皮革馬利翁效應」之所以會發生，是因為人們會受到他人期望、評價的影響，從而改變自己的態度和自我評價。久而久之，自己就真的成了他人期望的樣子。這一現象又稱為「自我實現預言」。

## 「自我實現預言」的啟示

你希望對方成為一個怎樣的人，就告訴他，你認為他是怎樣的一個人。

 **目標**：想讓團隊成員更具行動力。

 **行動**：你真是個行動派！

# 受到關注，激發潛能。

「霍桑實驗」指在美國芝加哥的霍桑工廠進行的一系列管理心理學實驗。實驗最開始研究的是工作條件與生產效率之間的關係，包括外部環境影響條件，如照明度、濕度，以及心理影響因素，如工作時間、團隊壓力，探索這些因素對職員行為方面的影響。

**霍桑實驗**

實驗前：生產力★★★

實驗中，提高照明度 💡：生產力★★★★

降低照明度 💡：生產力★★★★

實驗後：生產力★★★★

## 霍桑實驗的啟示

「霍桑實驗」的參與者之一，心理學家喬治・埃爾頓・梅奧從實驗中得出這樣的結論：當職員感受到自身被關注時，不管其他條件是否變化，積極性都會提高。

目標：提高士氣。

行動

動員大會

拜託大家了！

單人約談

你的努力對團隊很重要！

假期誘惑、加薪誘惑、晉升誘惑

各位，向着目標衝呀！

**VS**

針對個人的小禮物

感謝你的付出和努力，小小心意請收下！

常規的工作方式

請大家務必全力以赴！

根據實際的項目需要，成立實驗組

哪種方法更好，讓我們拭目以待。

# 有時分開，有時一起。

社會心理學家發現，他人的在場通常會影響我們的表現。這種現象被稱為共同活動效應，也適用於職場。

## 兩種不同的社會活動效應

### 社會抑制

他人在場時，表現變差，效率降低。需要深入思考、難度較大、不熟練的工作，容易發生社會抑制。

### 社會助長

他人在場時，表現變好，效率提高。工作難度較小、熟練的工作，容易發生社會助長。

## 共同活動效應的啟示

根據團隊成員的能力、技術熟練程度、工作難度等因素，靈活地進行調整。

團隊成員的能力

調整

技術熟練程度

工作難度

# 妙用啟動效應，潤物細無聲。

我們的記憶是一張互相聯結的網絡，而啟動是喚醒或激活其中的某些特定聯結。當我們看見、聽見、聞到或觸摸到一些東西時，就有可能啟動我們的記憶和情緒，從而影響我們的行為。這就是「啟動效應」。

| 溫馨提示 | 看見「請……」的提示牌，說話時會更加注意禮貌。 |
| --- | --- |
| 請…… | |

研究者發現，如果他人意識到你有說服的目的，就可能產生態度免疫，使「啟動」的效果大打折扣。

## 「啟動效應」的啟示

通過一些不經意的話語、標籤、提示，可以喚起團隊成員的合作心理、鬥志和工作積極性。

一張奔跑者的海報，會讓人產生奮發前進的動力。

一張溫馨的牆貼，會讓人產生「我們是相親相愛的一家人」的感覺。

印着「永不放棄」的文化衫，會讓人時刻鼓舞自己不要輕易放棄。

# 結語

拿破崙說：「一頭獅子帶領的一群羊，可以打敗一頭羊帶領的一群獅子。」這句話充分說明對於一個團隊而言，團隊上司是多麼重要。

在職場中，一個強而有力的上司，可以讓一個看上去平平無奇的團隊創造佳績；但如果團隊上司優柔寡斷、缺乏魅力、工作無方，那麼，即使團隊中人才濟濟，也會因為人心渙散、內部消耗、目標不清晰等原因而表現得很糟糕。

那麼，一個上司，或者說管理者，應該怎麼做，才能更好地提高員工的積極性，提升團隊的工作效率，改善團隊的人際關係呢？

為了回答這些問題，工業心理學、組織心理學等新的心理學分支應運而生。

德國著名心理學家雨果・閔斯特伯格被譽為「工業心理學」之父，在 20 世紀初出版了《心理學與工業效率》，成為以心理學的視角對如何提高工業生產效率等問題展開系統研究的第一人。

繼閔斯特伯格之後，一個多世紀以來，工業心理學、組織心理學得到蓬勃的發展，並形成了管理心理學、工程心理學、勞動心理學、人事心理學、消費心理學等分支。這些心理學研究的成果，已經廣泛運用到社會生產和管理過程中，成效顯著。

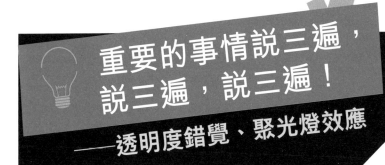

重要的事情説三遍，
説三遍，説三遍！
——透明度錯覺、聚光燈效應

# 理想的職場拍檔只能是浮雲？

| 你希望你的拍檔是 | 實際上你的拍檔卻是 |
| --- | --- |
| 默契的 | 「你在説甚麼？」 |
| 和你心有靈犀的 | 「你在想甚麼？」 |
| 懂你的 | 「甚麼意思？」 |

| 你希望你的拍檔是 | 實際上你的拍檔卻是 |
|---|---|
| 對你無限信任的 | 「我還能相信你嗎？」 |

**2**

# 你和你的「另一半」之間，到底發生了甚麼？

**你以為**
你的臉色很難看，
顯然就是不滿意，
他應該能看出來，
並主動改進方案。

**可是他**
沒有看出你的不滿，
因此沒有改進方案。
因為你的臉色，真沒
你想像的那麼難看。

**問題診斷：**
**透明度錯覺**
人們總是傾向於高估
自己的心理狀態被他
人知曉的程度。

**你以為**
看到你的黑眼圈，
他應該懂得，
你回家一直在加班。

**可是他**
沒有注意到你的黑眼
圈，只知你一下班就
走，對你很不滿。

**問題診斷：**
**聚光燈效應**
人們總是傾向於高估
他人對自己的關注
程度。

**你以為**
工作遇到困難，
必須向上司請示，
但他卻毫無表示，
所以你也
聽之任之。

**可是他**
也認為工作遇到困難，
需要向上司請示，
但看到你毫無表示，
所以也保持沉默。

**問題診斷：人眾無知**
儘管事實上大家的想法都
一樣，但人們傾向於認為，自己
和別人不同。在不確定的情況下，
人們習慣於不先表達自己，而是
從他人的反應中尋找線索，
並以此作為自己該怎麼做
的依據。

心有靈犀？NO！

猜猜猜的遊戲
一點也不好玩！

**3**

# 怎樣讓自己和別人更和諧？

在職場中，人們彼此之間的許多摩擦、矛盾、誤解，其實都是因為溝通不暢。

要想不被誤解，讓別人準確理解你的想法、觀點、態度、情緒等，你只需要做一件事：把話講清楚！

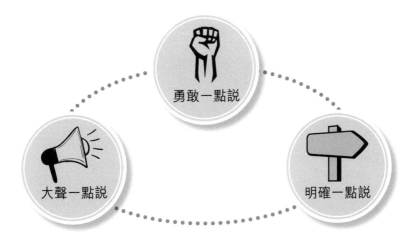

勇敢一點説

大聲一點説

明確一點説

# 結語

在工作中，誰都希望自己能有一個默契的拍檔，一個不用多說就能懂自己的上司，一個不必事事交代就能心領神會的下屬。如果這樣三類人都被你遇到，那麼恭喜你！

當然，這不是說大多數人就不可能有這樣的「好運」。

其實，所謂的職場「好運」，很多時候不是從天而降的，而是自己爭取來的。在工作中，當別人誤會自己、不理解自己、不體諒自己時，如果能反省自己的表現，看看自己有沒有掉進「透明度錯覺」、「聚光燈效應」、「人眾無知」這些陷阱，並能夠擺脫以自我為中心的思維方式，站在別人的角度想一想，主動表達、溝通、爭取；那麼，漸漸地，你和其他人的合作會變得越來越順利，你也會遇到工作中的「知音」。

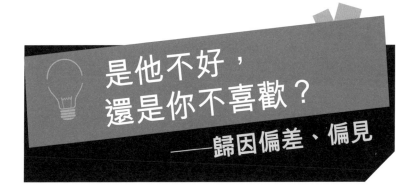

# 是他不好，還是你不喜歡？
## ——歸因偏差、偏見

# 1

# 喜歡可以毫無理由，
# 不喜歡卻有一萬個藉口。

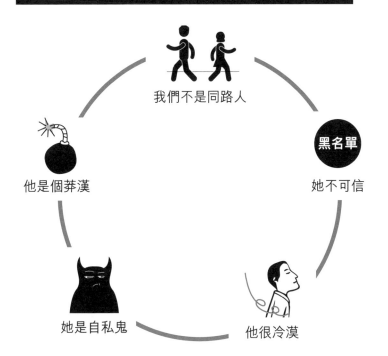

我們不是同路人

**黑名單**
她不可信

他是個莽漢

他很冷漠

她是自私鬼

# 你眼中的他，真的是他本來的樣子嗎？

在回答這個問題之前，我們先來做一個實驗。

當你看這個內克爾立方體的時候，你看到的是哪一面呢？

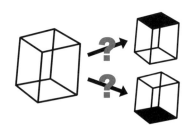

圖中的斜線，在直線上，還是沒有在直線上？

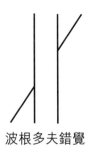

波根多夫錯覺

不論是內克爾立方體，還是波根多夫錯覺，都帶給我們同樣的啟示：

很多時候，我們親眼看見的未必就是真的或對的。我們認為它是這樣，並不意味着它原本就是這樣。

在職場中，情感會左右我們對一個人的判斷。

當我們喜歡一個人的時候，會戴上濾鏡看他，覺得他渾身都是優點；

當我們不喜歡一個人的時候，會戴上有色眼鏡看他，覺得他渾身都是缺點。

對於喜歡的人

他做事果斷，
雷厲風行。

對於不喜歡的人

他做事倉促，
一點都不穩妥。

## 3

# 雖然不是有意，但情不自禁就這樣做了⋯⋯

### 歸因偏差

當不喜歡一個人時，我們傾向於把對方的成就歸於外在因素，而把對方的失誤歸於內在因素。

他的成功

他真走運！
很多人幫了他！

他的失敗

他不努力！
他很差勁！

## 偏見

相似會導致喜歡；而差異不僅會導致不喜歡，還會導致偏見。在偏見之下，我們很難對自己不喜歡的人進行客觀、公正的評價。

## 偏見的來源

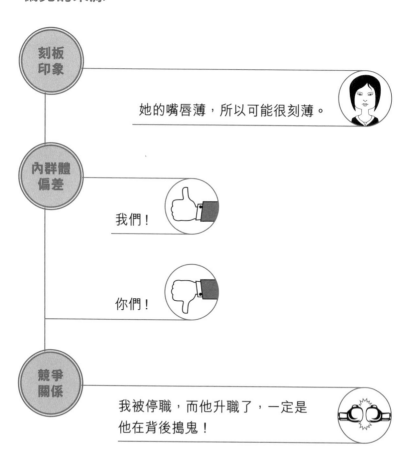

刻板印象

　她的嘴唇薄，所以可能很刻薄。

內群體偏差

　我們！

　你們！

競爭關係

　我被停職，而他升職了，一定是他在背後搞鬼！

# 結語

心理學家發現，對他人持有偏見的人，往往認為自己是公正的、毫無偏見的；但事實上，偏見像一個無形的大網，在工作、生活的許多方面都深深地影響着我們。

是否曾在公司裏樹敵不少，自己卻毫不知情？你是否曾有英雄無用武之地之感？是否有過不管自己怎麼解釋都不被信任的懊惱和委屈？

也許，你可以輕而易舉地勝任某些工作；但你的上司和同事不相信你這麼優秀，擔心你會把事情搞砸，不願意給你試一試的機會。

也許，你根本沒有做錯甚麼，只是因為你太優秀，讓你的同事甚至上司感覺自己受到了威脅。為了自我保護，他們不得不採取恐懼管理的策略，忽視你，或者不公正地對待你。

也許，你說的一切都是實情；但在別人看來，你是在推卸責任……

只要你稍加留意，就會發現職場中的許多誤解、猜忌、不公正的對待，都與偏見和錯誤歸因有關。

偏見和錯誤歸因無疑是有害的。好在心理學家發現，避免偏見的行為和動機，能使人們調整自己的思維和行動。

如果你持有偏見，那麼，當你不喜歡一個人、否定一個人、拒絕一個人的時候，請想一想，如果把他的身份換成你喜歡的某個人，你希望怎樣對待他？拋開偏見，多一些寬容和接納，你得到的將遠遠超出你的想像。

如果你是偏見的受害者，那麼，當你被冤枉、被誤解、受委屈時，至少可以了解事情是怎麼發生的，並採取相應的措施來解決問題。

大家説好，
就是真的好？
——群體思維

## 1

一群人一起做事，可能碰撞出思想的火花，也可能一無所獲。

讓我們去挑戰蝨子吧？

好！

讓我們去挑戰獅子吧？

好！

社會心理學家發現，當許多人聚在一起時，大家一起得出的觀點，未必比單獨某個個體的觀點高明。即使是一群很聰明的人，也可能一起做出十分糟糕、愚蠢的決定。

> 人一到群體中，智商就嚴重降低。
>
> ——古斯塔夫·勒龐《烏合之眾》

## 2

# 聰明人為甚麼會做傻事？

### 屈服於從眾壓力

大家都這樣，我也只能這樣。

**不從眾的代價**
被嘲諷、被報復、被孤立

**選擇從眾的目的**
尋求接納、讚許、社會認同

## 受群體思維的影響

對異議的排斥

團隊和睦比甚麼都重要

合理化

這是投票的結果，我沒甚麼好説的。

一致同意的錯覺

大家都贊同，我不如也贊同。

支配型上司

上司決心已定，我還有甚麼好説的？

責任分散

出了問題，責任有大夥兒扛着。

# 3

# 怎樣避免集體裝傻？

## 保留自己的立場

 我的看法是……你們怎麼看？

 我想先聽一聽大家的意見。

## 鼓勵批評

 大家有不同意的嗎？

 請表達一點不同的聲音。

## 劃分陣營

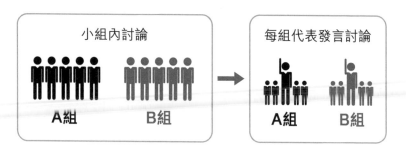

小組內討論

A組　B組

每組代表發言討論

A組　B組

## 利用鯰魚效應

向部門外、公司外的人徵求意見和看法。

## 最後的機會

「大家還有甚麼補充意見？再不說明天就這樣執行囉！」

# 結語

不論是一個部門、一間公司，還是一個集團，都像是在海中航行的船隻。而指引這些「船隻」前行的，是無數個大大小小的決定。明智的決定就像燈塔，指引着「船隻」抵達成功的彼岸；糟糕的決定卻像海神波塞冬的魔咒，讓「船隻」觸礁、遭遇風暴，甚至導致嚴重的「翻船」事故。

那麼，怎樣才能做出明智的決定，避免糟糕的決定呢？

要產生一項明智的決策並不容易，畢竟商海瞬息萬變，情況十分複雜。要想掌握正確的方向，決策者不僅需要擁有超出常人的眼光、魄力和膽量，而且要重視決策的方法和過程。尤其在一群人一起討論問題時，不要被表面的一致性所迷惑。當所有人都贊同時，並不意味着所有人都真心實意地表示贊同；畢竟，人們很可能迫於從眾壓力，或者為了維持和睦的團隊關係而投贊成票。再者，即使是不記名投票，所有人都投贊成票，也不意味着決策方案無可挑剔。大家這樣做，很可能只是因為一時沒有想到更好的方案，並不代表現有方案就是好的。

# 窺探職場

職場心理學

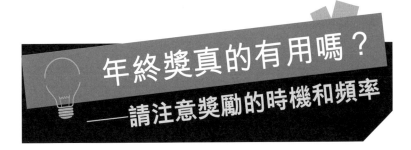

年終獎真的有用嗎？
——請注意獎勵的時機和頻率

**1**

# 年終獎的金額，
# 決定去留。

年終獎的不同功效

年終獎＝第13個月工資：
不稀罕

年終獎=13個月工資：
讓我們把親密關係至
少維持到年底！

TIPS

為了讓年終獎發揮效力，請注意採用合適的獎
勵額度。

**2**

# 別讓「年終獎」變成年底終結獎！

## 過年後出現跳槽高峰的原因

**誘因**：沒有對比就沒有傷害——
過年與親朋好友歡聚閒聊，發現了自己與他人的差距。

**動機**：新年伊始，萬象更新——
回顧過去的工作，感到人生價值沒能實現，產生新年新開始的願望。

**決定**：年終獎已經拿到手——
離職不再有後顧之憂，所以做出跳槽的決定。

**TIPS**

通常，年終獎會在年前最後一個月發放。
然而，到底甚麼時候是發放年終獎的最佳時機，
老闆們還得考慮考慮。

## 3

# 別讓年終獎的效力
# 只發生在年尾

年終獎快發的時候，
特別注意一下就行了，平時
該怎樣還怎樣！

研究發現，一年一次的固定間隔獎勵模式，只能讓員工在年末
時突然提高積極性，但無益於提高員工日常工作的積極性。

**TIPS**

讓年終獎與本年度每月的績效掛鉤，可以起到
更好的激勵效果。

# 不定期的「福袋」式獎勵，
# 更能吸引員工。

我每天都要好好表現，
因為我的老闆會隨時
發紅包！

研究發現，不具有可預測性的獎勵，可以讓員工的反應頻率保持在很高的水平，是一種有效的獎勵模式。

# 結語

心理學家已經通過實驗證明人們的許多「自願」行為其實受到獎懲的控制。在企業中，管理者也會使用績效獎、年終獎等獎懲制度來激勵員工。不過，這些老闆付出的獎金，真的能換來員工的工作滿意度和忠誠度嗎？答案是否定的。

美國心理學家斯金納是研究獎懲方面的專家，他認為，強化（即獎勵）的時機和頻率，決定了其對行為的影響力。研究者發現，多勞多得的固定比率強化程序，可以讓人們堅持工作。但這種獎勵機制，通常只適用於按件計價的工廠，而不適用於創造性較強的工種。此外，研究者還發現，不具有可預測性的變動比率強化程序，具有很好的激勵效果，它可以讓人保持工作的主動性和積極性。有意思的是，另一種獎勵方式，即像年終獎這樣定期發放獎金的固定間隔強化程序，儘管激勵效果一般，但是幾乎全世界的企業都在採用。

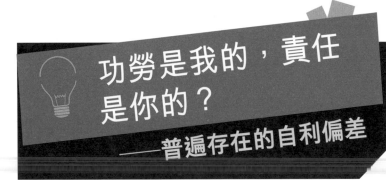

## 功勞是我的，責任是你的？
### ——普遍存在的自利偏差

### 1

# 人不為己，天誅地滅？

人們在認知上普遍存在自利偏差現象，即總是對成功和好事全盤接納，對失敗和失誤急於撇清。

**自利偏差的雙重標準**

我的成功是內因的作用：我成功了，你看我多厲害！

我的失敗是外因的作用：我居然失敗了！這次運氣真差！

### 2

# 兩套評價標準

心理學家發現，人們在評判他人時，會採取與自我評判不同的方式。

## 自利偏差的延伸

他的**成功是外因的作用**：他成功了？運氣真好！

他的**失敗是內因的作用**：像他這樣的人怎麼可能成功？

## 3

# 當「我」遇見「你」

由於自利偏差的存在，在共事過程中，人們更傾向於將成功歸於自己的功勞，而把責任推給別人。

**成功**

為了⋯⋯，我連續一個月都加班到很晚。

（潛台詞：如果沒有我的努力，這件事就不會成功。）

**失敗**

要不是你⋯⋯，結果就不會這樣了。

（潛台詞：是你的失誤，導致了這次失敗。）

# 自私的解釋，源自壓力和不了解。

 **維護自尊**：把成功歸因於自己，獲得更多的自信。

 **保住面子**：把失敗歸於外因，找台階下。

 **緩解壓力**：把責任推給別人，減輕內疚與自責的感受。

 **缺乏自知之明**：對自己不夠了解，又能意識到自己所處的情境，容易把失敗歸於外因。

 **不了解對方**：對他人不夠了解，又不了解他人所處的情境，容易把失敗歸咎於他人。

# 自利偏差帶你入的那些「坑」

自利偏差會讓你自我感覺良好，但也會帶來以下幾類麻煩：

（1）讓人過高地評價自己，從而眼高手低，在擇偶、求職時高
　　不成，低不就。

> 高處不勝寒。
> 太優秀的人好孤單、
> 好寂寞！

（2）讓人在處境不順時，產生命途不順、懷才不遇的挫折感。

> 這個社會啊，
> 我這麼優秀的人居然
> 一直被埋沒！

（3）將偶然的成功歸因於自己的某些品質或行為，會讓人變得
　　　盲目自信，最終被錯誤經驗所害。

**錯誤經驗**：我一直是千杯不醉，身體很好呢！

**導致後果**：長期飲酒引發胃病和肝病

（4）將失敗歸因於環境與他人，會讓人因為缺乏反省而重蹈覆
　　　轍，並傷害與他人的感情。

所有的錯，都不是我的錯。
你錯了！
他錯了！
她錯了！

# 結語

我們所認為的真相，很多時候不是真相本身，而僅僅是我們對這個世界的解釋。當我們解釋這個世界時，很容易受到各種認知偏差的影響，自利偏差就是其一。

在現實生活中，自利偏差無處不在，高估自己的能力，就是自利偏差的一大表現。美國大學理事會一次針對高三學生的問卷調查發現，60% 的人認為自己的社交能力處於人群前 10% 的水平；25% 的人認為自己的社交能力處於人群前 1% 的水平。

此外，研究發現，自利偏差是人類普遍存在的一種傾向，與年齡、職業、性別無關。在一項針對司機的調查中，有約 90% 的司機認為自己的駕駛水平高於一般司機。在另一項針對大學教員的調查中，同樣有約 90% 的人認為自己比一般的同事更優秀。

心理學家戴維·邁爾斯認為，與一般的同齡人進行對比時，大多數人會認為自己更聰明、更好看、更公正，也更有道德感，還會認為自己更健康，將來可能更長壽。邁爾斯提醒人們，積極地認知自我和我們所處的群體能讓我們遠離抑鬱，緩解壓力並充滿希望；但盲目自信、一味地將責任推給他人，會導致關係不和，談判僵持，倨傲歧視，甚至引發戰爭。

# 「週一憂鬱」是怎麼回事？

## ——都是時差惹的禍

## 1

## 甚麼是晝夜節律？

生物會受到自然週期更替的影響，人類也不例外。晝夜節律，指的是人們在晝夜光線的影響下，大約每 24 小時重複一次的身體模式。我們的下丘腦負責對這些重複性節律進行全域掌控，為新陳代謝、心率、體溫與內分泌活動設置「生物鐘」節律。

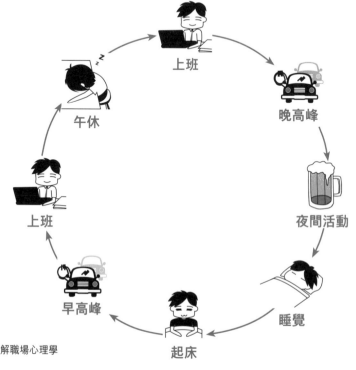

上班

晚高峰

夜間活動

睡覺

起床

早高峰

上班

午休

# 比 24 小時多出的 1 小時

研究者發現，對大多數人而言，正常的睡眠—覺醒週期模式在自然狀態下並非 24 小時，而是大約 25 小時。這意味着，我們體內的「時鐘」與地球自轉一周的時間，存在約 1 小時的時間差。

# 「週一起床困難綜合症」

我們的睡眠是有規律的，也是可調節的。研究發現，人們的身體會根據光線強度和作息習慣，對自己的晝夜模式做出調整，以適應 24 小時制的世界。週期通常為一周。

**狂歡的星期五和星期六**

反正明天是週末，讓我們不醉不歸！

**狂睡的星期天**

反正今天不上班，可以睡個夠！

**抓狂的星期一**

我居然睡到了中午12點！

## 時差作用下的「週一憂鬱」

### 1. 週一到週五

起床的時間與體內的「時鐘」不符，身體處於缺覺狀態。

雖然存在睡眠不足、身體困乏的情況，但體內的「時鐘」會讓我們繼續在白天特定的時間保持相對清醒。

### 2. 週末時光

在難得的自由時間裏，人們會試圖通過晚睡晚起的方式，調節自己的晝夜節律。

**3. 週一早晨**

鬧鐘在你真正睡醒前將你喚醒,你的晝夜節律再度感到不適應,於是出現了「週一憂鬱」。

**4**

# 讓你的一天 > 24 小時!

研究發現,我們的身體比較能適應一天的時間變「長」;而當一天的時間變「短」時,時差反應會很嚴重,有時可能需要用一天的時間來恢復。

**出差時遭遇的飛行時差**

身體的常規作息時間:早上7點起床,晚上11點睡覺。

**TIPS**

(1) 如果有條件睡到自然醒,可以把一天中失去的時間彌補回來,讓人精力充沛。

(2) 在工作量相等的情況下,彈性的工作時間能創造「倒時差」的條件,從而讓人更高效地工作。

紐約（東）

西雅圖（西）

體內「時鐘」默認的是紐約時間。
（晚上 10 點準備睡覺）

身體實際所在區域是西雅圖時間。
（晚上 7 點夜生活才剛開始）

一天的時間變長。為了適應新的時間，推遲
到晚上 9 點睡覺，在次日早上 5 點或 6 點自
然醒來。

從容地來到工作地點，精力充沛地投入早上
8 點的工作會議。

西雅圖（西）

紐約（東）

體內「時鐘」默認的是西雅圖時間。
（晚上 7 點夜生活才剛開始）

身體實際所在區域是紐約時間。
（晚上 10 點準備睡覺）

一天的時間變短。失眠，一直等到凌晨 1 點
（即西雅圖時間晚上 10 點）才睡着；次日
被早上 7 點的鬧鐘吵醒，感到睡眠不足、
疲乏。

匆忙趕往工作地點，在早上 8 點的工作會議
中精神不好，表現不佳。

# 結語

在我們的一生中，大約有三分之一的時間處於睡眠狀態，可見睡眠的意義是非常重要的。儘管每個人的睡眠時間和長短各不相同，但有一點是相通的，即良好的睡眠會幫助我們更好地學習、記憶，並在次日感到精力充沛；而睡眠不足，則會導致身體疲憊和精神困乏。有研究顯示，長期缺覺還會影響身體健康，甚至縮短壽命。研究睡眠的專家威廉·德門特通過實驗發現，缺覺還會使人變笨，熬夜一晚上的人在思維和協調測試上的表現和醉酒的人一樣糟糕。

睡眠是如此重要，但現代的生活方式，讓人們無法按照我們身體的「時鐘」來自由安排作息；「週一憂鬱」就是這種身體的內在「時鐘」，無法適應現實生活的外在「時鐘」而出現的後果之一。不過，雖然我們無法改變現實的生活節奏，但仍可以通過有意識地合理安排自己的作息時間來消除「時差」，從而盡可能地減少「時差」和缺覺帶來的負面影響。

# 把沙包當老闆打可減輕工作壓力？

## ——發洩會讓情緒火上澆油

**1**

# 舉起手來，你已經被壓力包圍！

工作壓力是每個職場人熟悉的「夥伴」，它如影隨形，無處不在。

 煩惱的職場人

 繁重的工作任務

 鉤心鬥角的人際關係

 喜怒無常的老闆

 不合理的制度設計

 飽受挫折的工作現狀

 模糊不清的崗位職責

# 2
# 重重壓力下的情緒反應

壓力分為很多種，一些讓你無奈、疲憊，一些則讓你大為不滿、勃然大怒……

超負荷的工作量

巨大的挑戰

難以完成的指標

我好累！

我好疲憊！

我無法勝任！

不配合的同事

陽奉陰違的下屬

求全責備的老闆

為甚麼？

憑甚麼！

去你的！

# 自我拯救的招式

**自我拯救第一招：三十六計，走為上計**
**（跳槽、轉工）**

我不幹了！惹不起還躲不起嗎？

要擺脫糟心的工作處境，跳槽、轉工都可以考慮。

**自我拯救第二招：兵來將擋，水來土掩**
**（咬牙堅持，克服壓力）**

今天，不是你死，就是我亡！

如果暫時無法擺脫現狀，就迎難而上，化壓力為動力。「鹹魚翻身」也不是不可能。

**自我拯救第三招：化憤怒為攻擊**
**（尋找情緒宣洩的突破口）**

不在沉默中爆發，就在沉默中滅亡！

在無處可逃的情況下，發洩成了自救的唯一途徑。

# 沒有最奇葩、只有更奇葩的情緒發洩大法。

### 砸碟子

在日本，某個腦洞大開的企業家在繁華的電子設備購物區建立了一個享受摔碟療法的場所。那是一輛名 為「發洩地」的貨車，顧客可以穿上防護服，在這裏將碟子等任意東西摔碎，以緩解工作壓力，但宣洩過後需要為毀壞的東西買單。

### 掀桌小遊戲

據説，為了緩解職員們的壓力，日本某企業專門設計了一款洩壓利器——掀桌遊戲機，讓憤怒和壓力無處發洩的職員通過掀桌子，在虛擬世界中宣洩壓力。

### 心理宣洩室

在日本，一些大企業為了釋放員工對老闆的不滿情緒，專門建立了心理宣洩室。在宣洩室裏，擺放着許多仿真橡皮人，充滿怨氣和憤怒的員工可以毆打橡皮人出氣。

# 專家告訴你：發洩，是一種危險的迷思。

研究發現，發洩憤怒只能帶來稍縱即逝的滿足感，而且可能讓人在將來做出更為憤怒的反應。

## 「暴力宣洩」的危險

（1）只能緩解一時的情緒，無法解決問題的根源，治標不治本。

（2）降低抗壓能力，讓人缺乏應對壓力的勇氣、韌性和智慧。

（3）產生逃避心理，面臨壓力時容易放棄合理療法，而直接選擇「暴力宣洩」。

（4）形成惡性循環，將「暴力宣洩」中的攻擊方式，應用到真實生活中。

# 不淡定的你，到底該何去何從？

## 憤怒始於瘋狂，終於遺憾

心理學家菲利普・津巴多告誡人們，當我們怒火燒身時，最明智的策略是：

（1）把情緒放在心裏，等待怒火自然熄滅。

（2）等心情恢復平靜後，冷靜地想一想到底發生了甚麼。

（3）找個合適的機會，和那個讓你生氣的人好好聊一聊。

# 結語

身在職場，總有一些事會刺激到你的神經，使你生氣、鬱悶。每個人控制情緒的能力不盡相同，一些人具備較高的情商，懂得合理地表達情緒和釋放情緒；另一些人則情商較低，通常會情緒失控，通過破壞事物、攻擊或侮辱他人來宣洩負面情緒。

一直以來，人們都認為壓抑情緒會導致不可控的情緒爆發，因此情緒宣洩具有一定的合理性，它會緩解人們的心理壓力，使人重新回到正常的心理狀態。但情緒專家認為，「壓抑情緒會導致不可控的情緒爆發」這一觀點並不符合事實。心理學家菲利普·津巴多也認為，並沒有證據證明通過打沙包等方式來發洩可以減少員工內心的不滿；事實是，證據指向了相反的可能。此外，津巴多還建議，在人們被憤怒控制時，最明智的做法是甚麼都不做，先讓自己冷靜下來，然後理性地思考導致自己不滿和憤怒的真正原因，並有效地進行溝通。唯有這樣，才能從根源上解決問題，讓人真正化解緊張和憤怒的情緒。

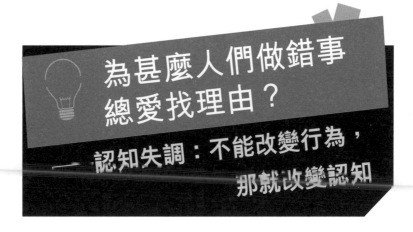

為甚麼人們做錯事總愛找理由？

認知失調：不能改變行為，那就改變認知

## 1

## 起初，大家都有「知行合一」的高尚靈魂

認知相符理論認為，人們會努力讓自己的內部認知與外部行為保持一致，並有意或無意地向他人證明自己是理性的，自己的行為是合乎邏輯的。

我喜歡她，所以我親近她。

我厭惡她，所以我躲着她。

# 但高尚的靈魂終究敵不過壓力、誘惑

在壓力的逼迫或巨大吸引力的誘惑下，人們會偏離「知行合一」的軌道，做出與自己的態度、認知相悖的事情。

## 認知搖搖板

她很漂亮。
除了漂亮，她一無是處。
我還是錄用她吧！

明知做出這樣的決策很愚蠢，仍然決定這樣做。

# 一個自我和另一個自我的較量

當我們的觀點、態度或行為彼此矛盾時，會感到心理不適，並產生一種高動機的心理狀態——認知失調。

## 四種類型的認知失調

**1. 決策後失調**
在完成一個兩難的選擇題後導致的失調。

**2. 強制服從失調**
在情境的迫使下做出違背自己信念的行為後產生的失調。

**3. 接觸新訊息造成的失調**
新的認知與之前的認知彼此矛盾時會產生失調。

**4. 社會支持體系造成的失調**
個人的認知和信念遭到群體的反對，或自己的群體成員身份要求接受與原先的認知相悖的新訊息時，會產生失調。

# 認知失調後的兩種選擇

為了消除內心的不適感，人們會面臨兩種選擇：要麼改變行為，使其符合自己的認知；要麼改變認知，使行為看上去合乎邏輯。

## CHOICE 1

承認錯誤

消除行為的不利影響

改變以後的行為

## CHOICE 2

不承認錯誤

為已發生的行為辯護

以後的行為與之前的行為保持一致

# 難道我錯了嗎？

研究表明，為了維護自己理性、聰明、言行一致的形象，當人們面臨認知失調時，通常更願意改變認知，而不是行為。

**改變公之於眾的行為的代價**

傷面子
打自己的臉
讓人產生言行前後不一致的印象
影響自己理性、明智的形象
需要為自己的行為負責

但是，內心的想法別人看不見，可以在事後根據實際情況進行解釋。

所以，與其改變行為，不如改變想法，讓自己心安理得地接受現實。

# 結語

我們與外部世界是通過認知和行為來構建聯繫的：通過認知來理解世界，並通過行為來影響和改變世界。認知心理學家認為，人們的行為在很大程度上受認知的影響，即我們怎樣看待這個世界，會影響我們的態度和行為。

有趣的是，人們通常認為認知決定了行為，但一些研究認知的心理學家發現，事實恰好相反：在很多時候，不是認知決定行為，而是我們的行為改變認知。這一觀點得到了一些實證研究的支持。

20 世紀中葉，美國心理學家威廉‧麥奎爾曾做過一個實驗，專門研究人對事件發生的概率的判斷。通過實驗，麥奎爾發現要使人改變一種觀點，不必從外部對他施加影響，提供證據證明其觀點有問題，而只要通過某種方式暗示他的觀點或態度與他的其他觀點或行為有矛盾，他就會從內部自發地調整自己原來的觀點，使其與正常的邏輯關係相符。由此，麥奎爾提出了認知相符理論。在麥奎爾看來，認知相符是人內部的一種傾向性，即人們通常把自己當作一個理智的人，但這種傾向是無意識的，人們雖然會在這種傾向的指引下從事各種活動，卻未必能清楚地意識到這些過程。

在威廉‧麥奎爾之後，美國心理學家費斯汀格的認知失調理論也頗有影響力。費斯汀格提出了四種失調的類型和減少失調的方法，同時指出，人們對認知失調的反應會受到外在因素（比如金錢的誘惑）的影響，當外在的理由不充分（誘惑較小）時，為了使自己的行為符合邏輯，人們更容易改變自己的認知以符合自己的行為。

認知失調理論解釋了為甚麼一些人存在受虐傾向（他們會拼命地為自己的處境辯護，盡量弱化受虐），並為我們提供了一個理論框架來理解人們為甚麼總是為自己愚蠢的信念、糟糕的決策和傷害他人的行為找理由。不過近年來的一些研究發現，認知失調會受個人性格特徵的影響，自尊心強的人更容易在認知失調後改變自己的態度。

## 1

# 我喜歡你，
# 因為你對我有益

在生活中，我們通常會被能夠給予我們某些東西的人所吸引。研究者發現，大多數良好的人際關係，都可以看作利益的交換。

**兄弟姊妹**：帶給彼此關心和幫助

**感情深厚的師生**：導師帶給學生關懷、廣博的知識和寶貴的經驗，學生帶給導師新穎的見解和成就感。

**親密戀人**：帶給彼此性的滿足，對愛情的美好憧憬和幻想。

**好的合夥人**：互相砥礪，帶給彼此事業上的成功。

**好同事**：在工作上配合默契，在老闆面前互相肯定。

## 2 吸引力四原則

社會心理學家艾利奧特．阿倫森認為，吸引是社會學習的形式，即人們會通過社會互動和對他人的觀察，形成對獎勵與懲罰的預期。而我們最喜歡的，即對我們最有吸引力的人，往往是那些能夠給予我們最大回報的人，他們通常滿足以下四個原則。

### （1）接近性原則

研究顯示，經常見面能增進感情。當兩個個體吸引力一樣時，人們會選擇距離更近的那個交往。

**格式塔心理學．接近律**
在認知事物時，人們會把距離較近的事物歸在一起，看成一個整體。

**近水樓台先得月**

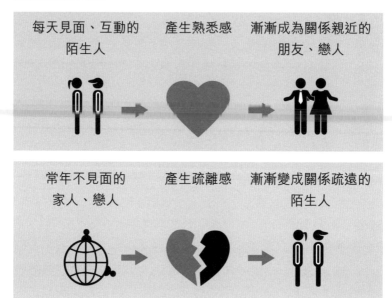

每天見面、互動的　　　產生熟悉感　　漸漸成為關係親近的
陌生人　　　　　　　　　　　　　　　朋友、戀人

常年不見面的　　　　　產生疏離感　　漸漸變成關係疏遠的
家人、戀人　　　　　　　　　　　　　陌生人

多主動和人打招呼，是成為萬人迷的第一步。

## （2）相似性原則

研究發現，人們更容易和與自己有類似品位、見解、「三觀」
的人成為朋友。

**格式塔心理學‧相似律**

在認知事物時，人們會把外表、聲音、感覺等性狀相似的事物組合在一起。

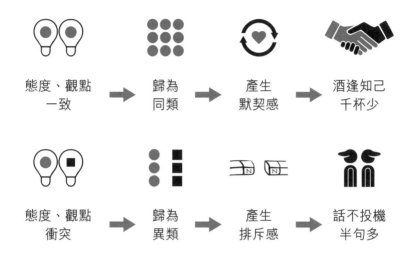

態度、觀點
一致 → 歸為
同類 → 產生
默契感 → 酒逢知己
千杯少

態度、觀點
衝突 → 歸為
異類 → 產生
排斥感 → 話不投機
半句多

**TIPS**

找到和自己相似的人，可以增加被對方認可與喜愛的概率。

## （3）自我表露原則

將關於自己的私密細節分享給他人，可以建立信任感，繼而拉近彼此的距離。

噓,我有個秘密想要告訴你。

B 接到一個秘密信號 →
她信任我,才把秘密告訴我。
她喜歡我,才把秘密告訴我。
她看重我,才把秘密告訴我。

為了維持上述的良好感覺,
我也要信任她,喜歡她,看重她。

哇,真的嗎?……等等,我也有
個秘密要告訴你……

研究發現,分享秘密,可以讓對方享受被信任的感覺。

**TIPS**

你的秘密共享得愈多,小夥伴的陣營就愈大。
所以,不妨分享一些小秘密吧!

## (4) 外表吸引力原則

大量研究表明,外表吸引力在第一次見面中壓倒了其他特點,
成為預測一個人被喜歡程度的決定性因素。

**如果你擁有俊美的長相⋯⋯**

在同等條件下，長相漂亮的人吸引力更大，在愛情、就業等方面更具競爭優勢。

**華而不實**
**愛慕虛榮**

**TIPS**

　　愛慕虛榮、追求物質享受、華而不實，是人們對俊男美女的刻板印象。
所以，彰顯你的實力，撕掉「花瓶」的標籤吧！

**如果你相貌平平⋯⋯**

你可能認為自己只有中人之姿；但研究發現，人們最喜歡的臉不是超高顏值的臉，而是各種面部特徵接近平均值的臉。

**TIPS**

內在美

　　即使相貌不盡如人意，整潔、大方、親切的儀容仍有望挽救形象。
外在美決定的是第一印象，內在美決定長期角逐中的勝敗。
所以，讓儀表來彌補長相上的不足，讓內在美來戰勝外在美的首因效應吧！

# 結語

人們都渴望被認可、喜歡，但是要怎麼做才能成為人見人愛的萬人迷呢？

為了回答這個問題，心理學家對人際交往中的「吸引力」展開了研究，其中影響較大的有社會心理學家艾利奧特·阿倫森提出的回報理論，以及動機心理學的期望價值理論。

在艾利奧特·阿倫森看來，利益交換是人際關係得以維持的根本原因。換言之，你之所以受歡迎，是因為你有「利用價值」，包括可以帶給他人讚美、地位、訊息、情感上的滿足等。艾利奧特總結了四個可以預測人際吸引的回報來源：接近性、相似性、自我表露和外表吸引力。他認為，大多數人在交友、擇偶時會綜合考慮這四大因素，並且選擇和能夠帶給自己最大回報且所需付出的成本最低的人交往。

期望價值理論可以看作回報理論的補充，該理論認為，人們的人際交往會受到對自身及對方的價值判斷的影響，並主動以「門當戶對」為準則進行交友、擇偶。這一理論解釋了生活中的另一些現象，比如，美人遲遲沒有走入婚姻殿堂，並非沒人喜歡美人，而是追求者害怕失敗，不敢追求美人；再如，人們在交往中會避開那些特別聰明、優秀的人，也是因為害怕被拒絕，不敢去結交。

有心機的職場人更成功？

——有實力，就有口碑

# 1

# 便宜的東西更受歡迎？

## 便宜貨往往不受重視

經濟心理學家認為，價格不只是單純的價值體現，還會影響人們對商品價值的判斷。

10 元的綠松石，無人問津。

10,000 元的綠松石，被人一搶而空。

在激烈的求職競爭中，我們就像那顆綠松石。

老闆，聘用我吧！他要 10 萬元，我只要 8 萬元！

對不起，他要價高，肯定比你優秀！

## 2

# 免費服務是虧本生意？

**此消彼長，是一種策略。**

相關研究表明：

人們對於「免費」的東西往往沒有抵抗力。

人們對於「付費」的東西很謹慎，有時，「付費」甚至會讓人感到痛苦。

衣服 100 元

運費 10 元

我還是找一款包郵的商品吧！

適當提高某項服務（或商品）的價格，同時提供一些免費服務
（或商品），會讓對方感到物超所值。

衣服 110 元

運費 0 元

哈哈，包郵，我喜歡！

## 3

# 承諾愈多，愈有誠意？

少一分承諾，多一分行動

一致性理論認為，人們有一種讓自己的認知和行為保持一致的傾向，當兩者發生衝突時，就會感到不舒服，從而調整認知或行為，使其重新達到一致。有趣的是，心理學家還發現，人們對他人也存在認知一致的期望。

承諾的

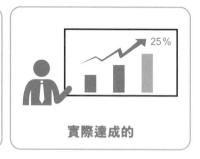

25%

實際達成的

他言過其實，這讓我有些失望。

在需要承諾的時候，給自己留一點為對方製造驚喜的「空間」，可以給人留下更好的印象。

承諾的

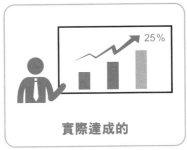

實際達成的

他總能超出預期，這讓我很驚喜！

## 4

# 你對別人愈好，別人對你愈好？

### 先抑後揚，勝過先揚後抑

心理學家研究發現，頻繁讚揚會逐漸失去價值；先前對美言的吝惜，反而會讓對方更珍視後來的讚美。

一直對你很好的人，偶然冷落你。

習慣了你的好，不能忍受你的不好。

有人偶爾對你好。

好溫馨，好感動！

有人一直對你冷淡，突然對你好。

太意外了！我要珍惜這來之不易的愛！

不吝惜批評，再給予肯定和讚美，更容易收穫好感。

## 5

# 就想做不能做的事？

## 用禁止來刺激慾望

卡里古拉效應：愈是無法得到的東西，就愈想得到。

禁止拍照

瘋狂拍照

如果你想讓別人做點甚麼，就給這件事加一些限制性的條件吧！

比如：「我希望 3 天內可以得到答覆，因為我還收到了其他幾家公司的錄取通知。」

再如：「限時特惠，過期不候！」

## 6

# 模仿能增加好感度？

## 模仿要分場合

心理學家發現，人們會在無
意識的狀態下模仿他人的動
作、說話方式、表情等，這
就是變色龍效應。雖然是無

意識行為，但**變色龍效應**有非常重要的作用，即引起被模仿者
對自己的好感。

模仿→相似→喜歡

你和他之間，就差一個模仿的距離。

因為想要接近你，

所以傻傻模仿你。

研究者提醒，模仿會讓被模仿者更喜歡自己；但如果模仿對方
生氣的樣子，則會招致厭惡。

**7**

# 酒香不怕巷子深？

**要有實力，也要好口碑。**

研究者發現，一個人的行為會受到周圍人群的影響，比如，當一個人不自信時，會觀察和參考與自己相似的人是怎麼做的。這就是「同群效應」。

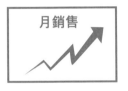

我們在購物時，
願意前往月銷量高的店舖。

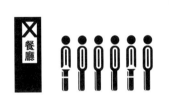

我們外出就餐時，
願意選擇人多的餐廳。

### 讓他人因為「同群效應」選擇自己

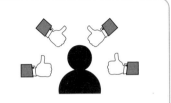

身邊的每個人都在讚他，
他應該很優秀。

他在那麼多大公司工作過，
他應該很優秀。

# 8

# 好東西，更值得珍惜

擁有的，才是最好的。

研究者發現，當人們擁有某項物品之後，對它的估價會大大上升。這就是「稟賦效應」。

## 「稟賦效應」實驗

免費得到一隻水杯的，對水杯的估值為 50 元。

沒有得到水杯的，對水杯的估值為 20 元。

要想擁有，先讓自己被擁有。

**VS**

應屆畢業生

本公司實習生

實習的經歷，會讓公司提高對應聘者的評價，使其在競爭中更容易勝出。

## 9

# 不好的方案沒價值？

用不好的，襯托好的。

研究者發現，當人們面臨兩個都很好的選擇時，往往難以做出決定；但是，當人們面臨的幾個選擇中，有一個明顯具有優勢時，人們會很快通過比較做出決定。

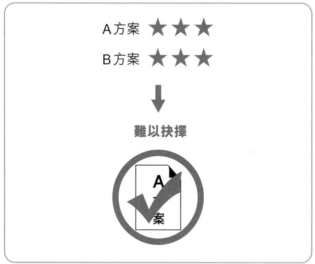

有時，給客戶 A、B 兩個方案，並且 A 方案具有明顯的優勢，比單獨給出一個 A 方案，會讓客戶更容易選擇。

# 結語

經濟心理學興起於 20 世紀 50 年代，主要研究經濟活動中人們的心理現象和相關規律，比如，人們在消費的時候存在哪些普遍的心理現象，甚麼因素會影響人們的決策和選擇等等。

美國心理學教授喬治‧卡托納是經濟心理學研究領域的一個核心人物。第二次世界大戰後，經濟學家們通過經濟模型，預測戰後的美國會出現嚴重的經濟衰退。但卡托納通過大規模的社會調查，結合對人們心理的洞察，得出了相反的結論，認為戰後，人們會出現「報復性消費」，會有強烈的消費慾望，從而大大刺激經濟的發展。結果，在這場經濟學家和心理學家的較量中，卡托納完勝，準確預言了美國戰後的經濟繁榮。

1951 年，卡托納出版了《經濟行為的心理分析》，對消費者的消費心理進行了重點研究。在他看來，消費者的腦袋（情緒、預期、慾望等）比他們的口袋（收入的變化）更能影響經濟的波動。

在職場中，其實許多行為都和消費行為相似，而我們就像出售方。比如，當我們求職時，我們需要向招聘者兜售自己的才能和價值；當我們希望自己的方案被通過時，需要讓對方看到自己方案的價值和與眾不同之處。瞭解一些經濟心理學的知識，可以讓我們更好地把握「買方」的心理，從而達成交易。

著者
李雲帆

責任編輯
李穎宜

裝幀設計
鍾啟善

排版
何秋雲

出版者
萬里機構出版有限公司
香港北角英皇道 499 號北角工業大廈 20 樓
電話：2564 7511　　傳真：2565 5539
電郵：info@wanlibk.com
網址：http://www.wanlibk.com
　　　http://www.facebook.com/wanlibk

發行者
香港聯合書刊物流有限公司
香港荃灣德士古道 220-248 號荃灣工業中心 16 樓
電話：2150 2100　　傳真：2407 3062
電郵：info@suplogistics.com.hk

承印者
美雅印刷製本有限公司
香港九龍觀塘榮業街 6 號海濱工業大廈 4 樓 A 室

出版日期
二〇二一年三月第一次印刷

規格
大 32 開（210 mm × 142 mm）